Nicolas Beck

EN FINIR AVEC LES IDÉES REÇUES SUR LA VULGARISATION SCIENTIFIQUE

Éditions Quæ

SOMMAIRE

REMERCIEMENTS

Je remercie, pour leurs précieux conseils et leur temps, les personnes suivantes :
Julie Adam, Patrick Baranger, Pierre-Étienne Bertrand, Juliette Blanchet, Gérald
Bronner, Josée-Nadia Drouin, Thomas Durand, Pascale Frey-Klett, Léo Grasset, Aurélien
Heckler, Céline Jacob, Pascal Lapointe, Valérie Mary, Marion Montaigne, Richard
Monvoisin, Laura Owen, Mathieu Vidard.

Depuis dix ans sur France Inter tous les jours à 14 heures, des scientifiques de toutes les disciplines et tous les horizons ont la bonne idée de venir perdre du temps au micro de la *Tête au carré*.

Ils viennent nous livrer le fruit de leur travail, les avancées de leurs recherches et parfois même, lorsque les dieux de la science leur sont favorables, les annonces de leurs grandes découvertes.

Elles et ils ont donc été des centaines à se prêter au jeu de l'entretien au fil des 2 500 émissions déjà au compteur. Je leur suis infiniment reconnaissant car, en acceptant de venir passer une heure avec les auditeurs et votre serviteur, ils nous ont permis d'accéder à des domaines du savoir et de la connaissance auxquels nous n'aurions pas eu facilement accès.

Grâce à leur sens du partage et de la pédagogie douce, ils nous ont ouvert les yeux, ils nous ont étonnés et éclairés sur la marche du monde. Ce sont des milliers de fenêtres qui se sont ouvertes et qui nous ont donné des clés pour nous permettre de réfléchir et de comprendre ce qui nous entoure. En nous livrant l'état des recherches, les enjeux qu'elles représentent pour la société et les implications qui en découlent, nous avons pu nous forger une opinion sur des questions qui dessinent l'avenir et qui nous concernent toutes et tous à différents niveaux.

Les sciences donnent du sens à la vie. Elles témoignent de la diversité des choses et peuvent même nous aider à nous sentir plus en harmonie avec le monde dans lequel nous évoluons.

Dans une société qui semble marquée, comme le souligne Edgar Morin, par une crise de l'intelligence, nous avons besoin d'entendre la parole et la pensée des chercheurs pour que mûrisse notre propre raisonnement. Il est essentiel que ce partage des connaissances puisse essaimer en toute liberté. La radio est un moyen utile et efficace pour la diffusion de ce savoir.

Le travail de Nicolas Beck traduit à la fois les réticences, mais aussi les malentendus de certains scientifiques qui pensent ne pas avoir leur place dans cet exercice de transmission. Il en fait une analyse pertinente et me donne envie, plus que jamais, d'inviter les derniers irréductibles à ne pas se murer dans le silence.

Sans doute que pour certains scientifiques, cette réserve, voire ce refus de se livrer au public, n'est que l'expression d'une simple appréhension ou d'une timidité. Je peux le comprendre. Je me souviens de mes premiers directs qui m'ont fait passer quelques nuits blanches. Et lorsque j'accueille des scientifiques qui viennent s'exprimer pour la première fois devant le micro, je pense toujours à la nuit agitée qui a dû précéder leur venue, répétant en boucle, dans leur demi-sommeil, le discours qu'ils allaient devoir délivrer.

Mais rassurez-vous ! Nous vous invitons non pas pour vous piéger, mais parce que vous êtes les spécialistes du sujet que vous étudiez. Dites-vous toujours que l'animateur ou le journaliste qui vous invite a de grandes chances d'en savoir beaucoup moins que vous sur le sujet pour lequel vous avez été convié.

Le direct d'autre part, lorsqu'il est possible, est aussi le garant de votre parole. Vous resterez toujours le maître à bord si les choses se passent en temps réel.

Le plus dur est de franchir pour la première fois la porte d'un studio. Combien de chercheurs ai-je vus arriver peu rassurés et pourtant frustrés une fois l'émission terminée ! Ils y avaient pris goût au fil des minutes et seraient bien restés plus longtemps pour poursuivre la discussion. J'ai pu voir dans leur regard la transformation opérer et ce plaisir de sentir l'écho de leurs propos diffusé sur les ondes.

Quel intérêt de consacrer sa vie à une recherche si elle est condamnée à rester confinée entre les murs d'un laboratoire ou dans les pages d'une revue réservée aux seuls spécialistes ?

Faut-il aussi rappeler, au risque de paraître un peu rabat-joie, que les citoyens financent la recherche publique et qu'à ce titre, ils ont le droit de savoir ce qui se joue sur les paillasses ?

Je ne saurais trop conseiller aux derniers scientifiques inflexibles de tenter au moins une fois l'aventure et de s'engager sur les flots du partage.

Mais je reste très confiant, car je vois également arriver depuis quelques années une nouvelle génération de jeunes scientifiques très familiers avec les outils du web et les opportunités offertes par les réseaux sociaux. Parler devant une caméra ou un auditoire entre de plus en plus dans les mœurs et, à la façon de nos cousins anglo-saxons, la communication grand public devient une chose naturelle et une source de plaisir.

J'espère que vous en serez convaincu à la lumière du travail réalisé par Nicolas Beck et qu'à votre tour, vous pourrez un jour vous jeter dans le grand bain et goûter aux joies de la transmission de la science.

Mathieu Vidard, 14 mars 2017

Quand on baigne dans l'univers des sciences, on entend parler de culture scientifique sans forcément bien comprendre de quoi il s'agit. Vous qui pratiquez les sciences au quotidien, est-ce que ça vous concerne aussi ? Et finalement, à quoi ça peut bien servir de parler de sciences au grand public ? Comme tout phénomène mal identifié, la médiation des sciences semble parfois effrayer : pas facile de trouver les mots justes pour s'adresser au grand public en parlant de phénomènes souvent complexes ou de concepts abstraits ! Certains chercheurs évitent donc de s'y intéresser, par facilité. Pour ceux qui osent s'y aventurer, le monde de la médiation n'est pas toujours de tout repos : risque de passer pour un mauvais scientifique, besoin de se justifier pour cette perte de temps, sans compter les difficultés mêmes de l'exercice, qui nécessite de déjouer quelques pièges avant de se retrouver face à un public. Pourtant, les acteurs du monde scientifique, qu'ils soient chercheurs aguerris, doctorants, étudiants en sciences ou ingénieurs en poste dans une entreprise, ont un rôle déterminant à jouer pour créer des liens forts avec la société : les sciences dures et les sciences humaines, au cœur d'enjeux environnementaux et économiques majeurs, ont plus que jamais besoin d'ambassadeurs pour faire naître et entretenir un dialogue étroit avec les citoyens, et ce, à l'aide de tous les moyens de médiation possibles.

Je vous propose donc de briser quelques idées reçues qui persistent dans le domaine, afin de ne pas rester sur un *a priori* négatif ou une mauvaise expérience. Parce que trop de scientifiques pensent encore qu'ils vont perdre du temps en passant un moment avec le grand public. Parce que le monde des médias semble bien obscur aux chercheurs. Parce que le public a réellement la possibilité d'être associé à des recherches en laboratoire. Parce que les techniques de médiation sont accessibles avec un peu d'entraînement. Ce panorama généraliste de la culture scientifique aujourd'hui a pour objectif de montrer combien les chercheurs ont leur place au sein des activités de médiation des sciences et comment celles-ci peuvent même leur servir pour leurs recherches. En s'interrogeant sur les publics concernés, on comprend l'importance d'une communication bilatérale qui promet des échanges constructifs. En attirant l'attention sur les connaissances du public en termes de sciences, j'espère vous interpeller plus globalement sur les croyances du public tout en jetant un coup d'œil à ceux qui pratiquent la zététique. On s'intéressera aussi aux relations entre sciences et médias et on découvrira également un aperçu des dispositifs existants et émergents dans le domaine de la culture scientifique, dans le but de suggérer quelques idées et de montrer qu'on peut faire beaucoup avec peu de moyens. Cet ouvrage est aussi un guide pratique, qui pourra donner un coup de main à ceux qui débutent : quelques astuces et conseils leur permettront d'éviter les principaux pièges de la communication scientifique.

Au fait, de quoi parle-t-on précisément quand on évoque la culture scientifique ? Y a-t-il une définition sur laquelle tout le monde s'accorde ? Ce n'est jamais si simple, évidemment. Je vous propose donc de commencer plutôt par la suite. Les définitions viendront plus tard, quand on aura déjà répondu à quelques questions embarrassantes.

Les termes suivis d'un astérisque renvoient à la rubrique
« Sites Internet consultés » en fin d'ouvrage.

LES SCIENTIFIQUES ONT AUTRE CHOSE À FAIRE

Les chercheurs ne sont pas si nombreux à s'y frotter, et on retrouve souvent les mêmes, que ce soit dans les médias ou plus localement, quand un musée ou un centre de sciences cherche à mobiliser un intervenant scientifique. Cela signifie-t-il que les chercheurs ne sont pas faits pour ça ? Que la démarche de partage et d'ouverture vers le public ne les intéresse pas ? Probablement que non, car ce sont plutôt les arguments du manque de temps et de l'absence d'intérêt à court terme qui sont mis en avant par les scientifiques. Et si ces réponses étaient en réalité... des prétextes ?

ET LES MÉDAILLES NON PLUS VONT PAS S'ASTIQUER TOUTES SEULES !

CHAPITRE 1

« VULGARISER ? JE N'AI PAS DE TEMPS À PERDRE AVEC ÇA ! »

La réponse du manque de temps trône en tête des arguments lors d'enquêtes auprès des chercheurs qui sont interrogés sur les raisons de leur non-engagement en médiation scientifique, et ce n'est pas propre aux chercheurs de l'Hexagone. Et si, au contraire, passer un peu de temps à apprendre à communiquer sur les sciences était finalement positif pour les scientifiques, pour leurs recherches, leur laboratoire ?

QUE SE CACHE-T-IL DERRIÈRE CET ARGUMENT ?

Nombreuses sont les sollicitations envers les chercheurs pour participer à des actions vers le grand public : proposer une conférence à l'Université du temps libre, intervenir dans la classe de collège du quartier, tenir une animation à la prochaine Fête de la science, participer à une émission de radio locale, écrire un article vulgarisé pour un magazine… Si certains se prêtent au jeu, beaucoup de scientifiques considèrent que ces actions sont une pure perte de temps pour eux. Si les collègues y participent, tant mieux, mais eux ont bien mieux à faire, la recherche étant prioritaire. Il faut admettre qu'on en demande toujours plus aux chercheurs, mobilisés sur de multiples projets : organisation de colloques, travaux de recherche s'accompagnant d'activités bureaucratiques chronophages, sans compter les enseignements qui occupent un temps précieux. Et pourtant, comme beaucoup d'autres professionnels passionnés par leur métier, les chercheurs ne comptent pas leurs heures.

L'évocation du manque de temps laisse souvent celui qui sollicite incapable de répondre quoi que ce soit. Même avec un joli projet et la meilleure volonté du monde, difficile de trouver un argument qui tienne la route face à un chercheur visiblement débordé. Cependant, il se pourrait que, dans certains cas, le chercheur abuse de cet argument par facilité, refusant d'admettre qu'il ne sait pas vraiment comment s'y prendre pour s'adresser au public. Après tout, nous serions nombreux à être déstabilisés face à de jeunes enfants qui posent plein de questions (pertinentes) sur la recherche. De quoi être effrayé si l'on n'a jamais pratiqué ! Il est alors plus simple d'esquiver la demande en prétextant que le temps manque cruellement en ce moment. Les conclusions d'une enquête menée par Poliakoff et Webb, mentionnée et analysée par Lionel Maillot (2015) dans une publication s'intéressant à « l'engagement des chercheurs dans la vulgarisation scientifique », vont dans ce sens : si les chercheurs sont nombreux à avancer cet argument, le temps n'aurait en fait aucun impact réel. Autrement dit, si on laissait le temps nécessaire à des actions aux chercheurs, ce n'est pas pour autant qu'ils s'engageraient davantage dans la médiation. L'enquête conclut que « les contraintes liées au temps ne sont pas significatives. […] L'argument lié au temps est bien une excuse ». Une excuse qui dissimule sans aucun doute d'autres raisons de ne pas s'engager.

Manque de motivation ? Peu ou pas de reconnaissance ? Peur de ne pas savoir faire ? Les réticences peuvent être multiples, parfois inavouées. Un chercheur qui ne trouve pas, durant sa longue carrière, quelques heures pour une action de médiation scientifique n'avait pas très envie de se confronter à l'exercice. On respecte ce choix, tout le monde n'est sans doute pas fait pour ça.

Malgré tout, les scientifiques semblent une grande majorité à reconnaître l'intérêt de ces pratiques et « portent un jugement positif sur la vulgarisation », comme le souligne Lionel Maillot, s'appuyant sur une étude menée en 2000[1], et c'est une bonne nouvelle. Mais, à ceux qui pensent que cette activité leur ferait perdre du temps, je propose de considérer les choses du point de vue de leur propre recherche : une activité de médiation scientifique, quel que soit l'outil que l'on choisit, apporte un esprit de synthèse et un recul au chercheur qu'il réinvestit, de manière inconsciente, dans ses propres recherches. Pas de temps perdu, bien au contraire !

DU TEMPS GAGNÉ POUR LA RECHERCHE

Passer un peu de temps à pratiquer la médiation scientifique est plutôt à considérer comme un investissement : non seulement on ne perd pas de temps, mais il se peut même qu'on en gagne pour la suite. De la même manière que lors de la résolution d'un puzzle, l'assemblage de deux pièces au hasard, sans avoir en tête l'ensemble de l'image, risque d'amener le joueur à s'y perdre complètement, la

---

1. Dans la même publication, Lionel Maillot rappelle un chiffre issu d'une enquête menée au Royaume-Uni en 2000, dans laquelle « 97 % [des chercheurs] déclaraient qu'on peut trouver des bénéfices à communiquer vers le public ». Cette étude, commandée par le Wellcome Trust et intitulée « The Role of Scientists in Public Debate », est disponible en ligne : https://www.ipsos-mori.com/Assets/Docs/Archive/Polls/wellcome-exec.pdf.

médiation scientifique apporte au chercheur ce nouveau regard qui facilite le travail d'ensemble sur le puzzle que constituent ses recherches. De nombreux scientifiques pourront vous raconter comment la médiation leur a été d'un grand secours, leur apportant du recul sur leurs recherches, notamment grâce à une conception plus globale et contextualisée des problématiques scientifiques qui les préoccupent au quotidien. En effet, vulgariser implique d'avoir une vision intégrale de sa propre problématique de recherche, de préciser le contexte et les enjeux, de formuler de plusieurs façons les questions que l'on se pose, d'énoncer ses hypothèses de travail et les conclusions que l'on tire des expériences réalisées. Dans tous les domaines, des sciences dures aux sciences humaines, les chercheurs courent au quotidien le risque de s'isoler en s'enfermant sur leurs propres réflexions, finissant parfois dans des impasses. Nombreux sont ceux qui rapportent que participer à des activités de médiation les aide à garder la tête hors de l'eau, à prendre une certaine distance et à faire mûrir leur réflexion scientifique. D'autres fois, quelques heures consacrées au partage et à la discussion se sont avérées également très bénéfiques dans des situations où l'expérience de la médiation scientifique faisait clairement la différence. S'il était nécessaire de le préciser, les histoires qui suivent sont authentiques : on me les a racontées comme je vous les raconte.

Le cas du jury

Claire, chercheuse en microbiologie, est spécialiste des relations étroites entre champignons et racines des arbres depuis quelques années déjà. Suite logique de sa carrière, elle se lance dans un concours : elle postule en tant que chargée de recherche dans un établissement scientifique de renom. Au-delà de la sélection sur dossier, l'étape suivante consiste à passer devant un jury composé d'une vingtaine de personnes, pour beaucoup issues de disciplines scientifiques qui ont peu à voir avec la microbiologie. Si la symbiose ne se fait pas entre les membres du jury et Claire, autant dire que ses chances de réussite sont faibles. En effet, que vont comprendre de ses recherches un spécialiste de macroéconomie ou un physicien pure souche, si elle n'a pas passé un peu de temps à préparer une intervention structurée et accessible ?

La visite d'un politique au labo

C'est le grand jour ! Stéphane a été sélectionné pour participer à la visite du laboratoire organisée à l'occasion de l'inauguration de l'équipement tant attendu à 2 millions d'euros que les collectivités ont choisi de cofinancer. Une étape a déjà été franchie lorsque le financement a été obtenu. Encore faut-il maintenant que notre chercheur choisisse les bons mots face au président de région, au préfet et aux quelques journalistes, pour expliquer en quoi cet investissement colossal était une bonne idée. Pas évident d'être convaincant ! Parce que, pour eux, s'il n'y a pas d'application à court terme, ça risque de ne pas leur paraître très concret. Heureusement, Stéphane a cogité avec quelques collègues sensibilisés à la médiation scientifique et il a su trouver l'accroche, les mots justes, le discours adapté à ses visiteurs (voir fiche pratique #5 en fin d'ouvrage).

SI VRAIMENT UN CHERCHEUR N'A PAS LE TEMPS, ALORS…

… Alors, j'ai ce qu'il lui faut ! Car dans la besace des médiateurs scientifiques se cachent de multiples façons d'impliquer des chercheurs. Si un scientifique n'a pas le temps de passer une demi-journée par semaine à travailler sur un projet d'exposition ou à intervenir dans un collège, d'autres formes de médiation sont peut-être plus adaptées à son profil. La participation à un café des sciences est une excellente manière de mettre un pied dans la culture scientifique. En effet, si le chercheur ne se sent pas à l'aise car il débute dans l'exercice, un animateur est présent pour l'aider à reformuler ses propos si nécessaire. La consigne est stricte : « Venez comme vous êtes, sans préparer », car un café des sciences est un débat qui n'a pas de structure prédéterminée. Pas de quoi s'affoler, voilà au contraire une belle occasion de partager ses connaissances, mais aussi d'écouter les questionnements du public sur sa thématique de recherche. Des échanges souvent passionnants qui durent généralement… 1 h 30 ! Vraiment, vous êtes sûr qu'un chercheur n'a pas ce temps-là ?

PUISQU'IL ENSEIGNE, UN CHERCHEUR FAIT DÉJÀ DE LA VULGARISATION !

On entend souvent cette phrase dans le milieu académique, qui met en évidence une confusion entre vulgarisation scientifique et enseignement. Puisqu'un chercheur donne des cours à des étudiants en première année, il ferait forcément de la vulgarisation. En réalité, ces deux activités sont bien distinctes, car les actions concernées ont des finalités bien différentes. L'enseignement dispose de ses propres règles, de son propre fonctionnement, et surtout répond à des objectifs précis : à travers la transmission de connaissances et l'évaluation des étudiants, l'enseignement supérieur vise à amener les jeunes à prendre une place dans la vie professionnelle. Ce contexte implique un public captif, qui a fait le choix de participer à un cours, dans un environnement académique. Les examens et les diplômes, qui confèrent à cette diffusion des savoirs un caractère formel, interrogent sur les motivations réelles des étudiants en question. Prodiguant une formation à la fois générale et approfondie, basée sur la théorie et la pratique, l'enseignement universitaire fait toutefois appel à des pratiques pédagogiques qui peuvent être communes avec la vulgarisation scientifique. Pratiques pédagogiques qui, reconnaissons-le, ne sont pas forcément maîtrisées ni même employées par tous les enseignants et formateurs qui interviennent dans nos universités[2]. La médiation scientifique, comme nous le verrons tout au long de cet ouvrage, ne s'effectue pas du tout dans le même contexte : le rapport au public, notamment, est complètement différent.

---

2. Richard-Emmanuel Eastes propose, dans un article paru en septembre 2016 dans *The Conversation*, une analyse des pratiques de l'enseignement à l'université, « Même à l'université, bien enseigner… ça s'apprend ! », https://theconversation.com/meme-a-luniversite-bien-enseigner-ca-sapprend-63554.

NON MERCI...
JE GARDE ÇA
POUR MES
PETITS-ENFANTS...

CHAPITRE 2

« CELA N'APPORTE STRICTEMENT RIEN À MA CARRIÈRE »

« Fais plutôt de la recherche et publie, si tu veux continuer dans le domaine… » Tel est le message (oserais-je dire la menace ?) qu'on entend encore trop souvent dans les laboratoires. Une façon de faire comprendre que les actions de culture scientifique seraient une activité par défaut, pour les chercheurs moins bons que les autres. Implicitement, les chercheurs sont fortement incités à faire de la recherche leur priorité — autrement dit, faire leurs preuves — et les autres activités, dont la médiation, ne seraient que secondaires. Pour autant, pratiquer de temps en temps des activités de médiation scientifique n'entre-t-il pas dans les missions des chercheurs ? Est-ce réservé aux scientifiques en fin de carrière ? Cela n'apporterait-il réellement rien à un chercheur en activité ? Pas si sûr…

C'EST DANS LE CONTRAT !

Un petit retour en 1984 s'impose, date de la publication du décret qui définit en France les missions des enseignants-chercheurs. L'article 3, dans le chapitre dédié à leurs droits et obligations, précise que « [les enseignants-chercheurs] participent à la diffusion de la culture et de l'information scientifique et technique ». Évidemment, faire de la recherche et enseigner constituent leur mission principale, mais la culture scientifique y figure en bonne place, comme la loi sur l'enseignement supérieur et la recherche — dite loi Fioraso — de 2013 l'a de nouveau précisé, assurant que « le service public de l'enseignement supérieur contribue à [...] favoriser les interactions entre science et société »[3]. La Charte européenne des chercheurs rappelle également le rôle des scientifiques vis-à-vis de la société[4] :

« Les chercheurs devraient veiller à ce que leurs activités de recherche soient portées à la connaissance de la société dans son ensemble de telle sorte qu'elles puissent être comprises par les non-spécialistes, améliorant ainsi la compréhension de la science par la société. L'engagement direct avec le grand public aidera les chercheurs à mieux comprendre l'intérêt de la société pour les priorités en science et technologie, ainsi que ses préoccupations. »

Cette dernière affirmation signifie donc que les chercheurs ont aussi à se former à cette compréhension de l'image que le grand public a d'eux. Qu'ils soient en mesure d'apprendre quelque chose au public, ils n'en doutent pas, mais que ce public puisse aussi leur apprendre quelque chose, certains n'y ont même jamais pensé ! Dans les textes officiels, il est donc clairement indiqué que la culture scientifique fait partie intégrante de la mission des enseignants-chercheurs. Mais ces activités sont-elles prises en compte dans leur carrière ? La loi Fioraso a également apporté une précision quant au rôle du Haut Conseil de l'évaluation de la recherche et de l'enseignement supérieur, cet organisme indépendant qui évalue régulièrement les universités ; ce conseil est donc officiellement

---

3. Article L123-2 du Code de l'éducation, modifié par la loi n° 2013-660 du 22 juillet 2013, article 6.
4. Recommandation de la Commission, *Journal officiel de l'Union européenne*, L75, 22 mars 2005, p. 71, http://eur-lex.europa.eu/legal-content/FR/TXT/?uri=CELEX%3A32005H0251.

chargé, depuis 2013, de « s'assurer de la valorisation des activités de diffusion de la culture scientifique, technique et industrielle dans la carrière des personnels de l'enseignement supérieur et de la recherche »[5]. Voilà donc une première piste encourageante, même si cela ne suffira pas à convaincre les plus réticents. Nous savons pertinemment que les évaluations des chercheurs se basent quasi exclusivement sur le nombre et la qualité de leurs publications scientifiques, le reste n'ayant donc que peu d'importance aux yeux des organismes qui les recrutent, sauf exception.

Malgré les textes de loi, les appels à projets nationaux qui rythment désormais le financement des activités de recherche ne laissent pas une place très importante aux actions de culture scientifique. En effet, les budgets consacrés à ces activités représentent souvent une faible proportion des financements. D'autre part, si les appels à projets répondent clairement à des enjeux sociétaux majeurs (réchauffement climatique, numérique, mobilité, collecte des données biologiques, vieillissement de la population…), on regrette que les dossiers n'incitent pas plus clairement à s'engager dans des actions fortes d'ouverture, de partage et de dialogue avec la société. L'Agence nationale de la recherche a par exemple, pendant un temps, encouragé les initiatives dans le domaine lors d'un dépôt de projet, laissant la possibilité qu'une partie des budgets demandés soit consacrée à des opérations de communication vers le grand public. Cependant, cette mention est désormais réduite à peau de chagrin dans les dossiers d'appels à projets, dans lesquels seule une maigre ligne suggère d'indiquer quelles actions de diffusion sont envisagées, mélangeant maladroitement (peut-être est-ce

---

5. Article L114-3-1 du Code de la recherche, modifié par la loi n° 2013-660 du 22 juillet 2013, article 90.

intentionnel ?) dans le même paragraphe la valorisation au sens économique et la diffusion auprès du grand public. En résumé, bien que la loi précise que c'est aussi leur mission, les chercheurs qui doivent monter des projets de recherche et courir après les financements ne sont pas vraiment encouragés à se creuser la tête pour mettre un peu de culture scientifique dans leurs dossiers, ni dans l'intérêt du projet ou du laboratoire, ni pour leur CV.

Alors finalement, cela signifie-t-il que ce sont les moins bons chercheurs qui pratiquent la culture scientifique ? Pour répondre à cette question, une étude a été menée à partir d'une enquête auprès de plusieurs milliers de chercheurs du CNRS en 2008. Pablo Jensen, auteur de cette publication, cherchait à estimer les liens entre l'implication en vulgarisation des chercheurs et leur reconnaissance d'un point de vue scientifique. Il a montré que les chercheurs qui communiquent le plus dans les médias et auprès du grand public sont également ceux qui publient le plus et ceux dont le nom est davantage cité. Autrement dit, il observe que ce sont finalement les *meilleurs* chercheurs qui font des actions de vulgarisation et de médiation, contrairement à ce que certains peuvent laisser entendre (Jensen *et al.*, 2008).

Quels sont les arguments que l'on peut mettre en avant pour convaincre des chercheurs réticents ? Que peut-on leur promettre pour qu'ils soient plus ouverts à des partages et des discussions ? Les motivations souhaitables ne sont probablement pas la reconnaissance des pairs, ni même l'aspect financier ou matériel. Pratiquer la médiation scientifique, c'est croire au partage des connaissances et à l'ouverture citoyenne : c'est avoir l'intime conviction que, texte de loi ou pas, le dialogue avec la société fait partie de la mission des femmes et hommes de sciences. Et si ce n'est pas une médaille académique qu'un chercheur obtiendra en semant les graines de la culture scientifique, cela lui apportera sans nul doute de belles récoltes à titre personnel ou pour ses recherches.

MIEUX COMMUNIQUER AVEC D'AUTRES SCIENTIFIQUES

Cela pourrait sembler paradoxal, mais apprendre à mieux communiquer vers le grand public aidera aussi les scientifiques à mieux communiquer entre eux. En effet, les techniques et les astuces qui facilitent le partage des recherches aux non-scientifiques sont semblables à celles qui permettent aux chercheurs de disciplines différentes de communiquer entre eux. Dans un contexte scientifique à la fois multiculturel, international et transdisciplinaire, les échanges entre chercheurs de haut niveau scientifique nécessitent le même recul et la même attention que vers un public profane. User de la métaphore facilitera la compréhension et les collaborations entre chercheurs, d'autant qu'un grand nombre de problématiques sociétales qui gravitent autour des sciences nécessitent le regard et l'analyse de spécialistes de plusieurs horizons. Donc oui, l'expérience de la médiation scientifique aidera un chercheur, y compris pour construire sa carrière académique. C'est aussi pour cette raison qu'institutions de recherche et universités les encouragent vivement dans cette voie.

POUR UNE SCIENCE ACCESSIBLE À TOUTES ET TOUS

Soumettre ses recherches au regard et à la critique des citoyens, c'est aussi faire avancer la science de manière connectée à la société. Au-delà d'un juste retour à ceux qui paient des impôts et financent une partie de la recherche, la science consiste aussi à partager ses résultats avec le plus grand nombre, dans les médias ou directement auprès du public, pour alimenter les débats sociétaux et faire avancer la connaissance en général. Si certains pensent encore avoir davantage intérêt à faire de la recherche, seuls dans leur laboratoire, sans parler à personne, ils se sont probablement trompés de métier. Il est fini le temps des savants isolés dans leur tour d'ivoire, alors faisons-le savoir !

Par ailleurs, les activités de médiation scientifique représentent également une opportunité intéressante à saisir pour celles et ceux qui souhaitent défendre l'idée que les sciences sont accessibles à tous, et en particulier aux filles. Le constat est sans appel : les jeunes filles font moins d'études en sciences dures et les femmes sont moins présentes dans les métiers à caractère scientifique. Les exemples chiffrés pourraient être multipliés, mais en voici un seul, représentatif de la tendance générale : « 57 % des docteurs en lettres sont des femmes, 38 % de femmes parmi les docteurs en sciences », comme le souligne un rapport du ministère de l'Éducation nationale, de l'Enseignement supérieur de la Recherche (MENESR-DEPP, 2015). Chercheures, ingénieures et doctorantes, prenez votre bâton de pèlerin pour contribuer à lutter contre les stéréotypes qui persistent dans le domaine des sciences ! À travers une action de médiation, vous ferez connaître les sciences à travers votre témoignage, en montrant que les femmes ont toute leur place dans les laboratoires. Une raison de plus de s'engager.

UNE SATISFACTION PERSONNELLE AVANT TOUT

Faire connaître et discuter des résultats de ses recherches, c'est aussi une forme de valorisation et de reconnaissance : après des années d'engagement, des surprises et des rebondissements qui en auraient découragé plus d'un, un scientifique qui partage ses recherches est un scientifique heureux ! Cette passion qui l'anime éveillera la curiosité des jeunes et moins jeunes, fera découvrir les outils et les démarches de la science, apprendra à questionner et à observer, familiarisera le public avec les métiers scientifiques… De riches moments de rencontres en perspective !

Les chercheurs sont les premiers à qui profiteront leurs efforts d'ouverture vers la société : sans aucun doute, ce sont leurs recherches qui en bénéficieront à court terme, mais aussi leur CV. Tout au long de sa carrière, un scientifique doit savoir convaincre, que ce soit face à un financeur, un industriel, une équipe de recherche, des étudiants. Savoir rendre accessibles ses recherches, c'est maîtriser sa communication, un facteur clé de réussite. Mieux armés pour parler du sujet qui les passionne, ils sauront convaincre dans toutes ces situations sans risquer d'être déstabilisés par des questions naïves. Mais au-delà de ça, les chercheurs qui font l'effort de partager leur savoir et leur expérience ressentent une satisfaction personnelle bien plus intense qu'on ne l'imagine. Par exemple, de très nombreux doctorants qui participent à des actions de communication de leurs recherches témoignent avec beaucoup d'enthousiasme : « J'ai enfin pu expliquer ce que je fais à ma famille… » CQFD[6].

---

6. Ce qu'il fallait démontrer. Acronyme souvent utilisé après une démonstration en mathématiques, par exemple.

ON PEUT TOUT FAIRE! CONFÉRENCES, ÉMISSIONS DE TV, MÊME UNE SÉANCE DE DÉDICACE!
EUH...
ET DE LA VRAIE RECHERCHE, VOUS AVEZ DÉJÀ FAIT?

CHAPITRE 3

« CHACUN SON MÉTIER : IL Y A DÉJÀ BEAUCOUP D'ACTEURS QUI FONT ÇA TRÈS BIEN »

Heureusement, les scientifiques ne sont pas les seuls sur lesquels on peut compter pour faire de la médiation. En effet, beaucoup de médiateurs scientifiques occupent déjà le terrain, au contact du public. Bénévoles dans des associations, animateurs dans une Maison des jeunes et de la culture, médiateurs dans un centre de sciences ou un musée… Une richesse et une diversité des acteurs qui n'empêchent pas les collaborations avec le monde scientifique, bien au contraire. C'est la complémentarité des interventions et la diversité des formes de médiation qui permettent de sensibiliser une large audience dans des contextes variés.

DE NOMBREUSES STRUCTURES EXISTENT

L'explosion du nombre d'initiatives et de structures consacrées à la culture scientifique est phénoménale depuis les années 1980. Au sein des Centres de culture scientifique, technique et industrielle (CCSTI), rebaptisés depuis quelque temps « centres de sciences », le principe est clairement affiché : accueillir du public, proposer des outils parfois itinérants pour aller vers ceux qui ne se déplaceraient pas, imaginer des événements hors les murs en partenariat avec des acteurs culturels ou des collectivités. Les projets ne manquent pas et la fréquentation du public est croissante, à en croire les chiffres impressionnants des mégacentres comme la Cité des sciences et de l'industrie, le Palais de la découverte à Paris, ou encore l'Espace des sciences à Rennes et Cap Sciences à Bordeaux. Les musées de sciences, quant à eux, ont largement dépassé l'image poussiéreuse qu'on aurait pu leur attribuer il y a quelques années, en développant des expositions temporaires au ton décalé et des activités pédagogiques rafraîchissantes. Le Muséum d'histoire naturelle de Neuchâtel, en Suisse, a plusieurs fois défrayé la chronique avec des expositions à la scénographie engagée, comme *Mouches* en 2004 qui invitait à « un voyage émotionnel, naturaliste et artistique dans l'univers de ces insectes méconnus ». Dans le milieu de la culture scientifique, ça bouge, ça innove, ça frétille. Et pour tous les publics, y compris les plus jeunes, avec des animations mises en place pour les petits bouts de chou dès 3 ou 4 ans.

LA MÉDIATION SCIENTIFIQUE EN PERPÉTUELLE EFFERVESCENCE

Théâtre et clown, danse et slam, bande dessinée ou randonnée, conte et concert, opéra ou apéro… Le point commun entre tous ces mots ? On y a apposé un jour l'adjectif « scientifique » pour imaginer un événement surprenant, inattendu, histoire de faire découvrir les sciences par des voies détournées. Les combinaisons possibles ne sont pas toutes épuisées, un appel à la créativité est lancé pour de

nouvelles formes ! L'approche croisée entre arts et sciences n'est pas qu'un effet de mode : c'est aussi une façon de mettre des sujets en perspective tout en s'ouvrant à de nouveaux publics, spontanément peu tournés vers les sciences. Des idées sur lesquelles étudiants, chercheurs, artistes et autres médiateurs scientifiques peuvent cogiter pour continuer à imaginer des projets ensemble. Certains organismes de recherche et universités disposent, au sein de leurs équipes administratives, de professionnels de la médiation, même si à part quelques exceptions, les moyens consacrés à ces activités sont souvent modestes et éphémères. Les questions de culture scientifique font désormais partie du paysage, au cœur même des lieux de recherche. Ces établissements s'investissent pleinement à travers la mobilisation des équipes de recherche, largement sollicitées pour participer à la Fête de la science ou à la Nuit européenne des chercheurs, par exemple (voir fiche pratique #4 en fin d'ouvrage).

N'oublions pas non plus les traditionnelles bibliothèques, lieux culturels par excellence, qui revendiquent une place dans le paysage des acteurs de la médiation. Lieux d'échanges et de savoirs, centres de documentation des établissements scolaires, bibliothèques et médiathèques disposent aussi de collections (livres anciens, objets patrimoniaux…) qui se doivent d'être reconnues et valorisées. Les bibliothécaires, peut-être sans le savoir, font probablement partie de la grande famille des médiateurs scientifiques (voir Ancelin, 2016).

Sur son blog « Tu mourras moins bête », décliné en plusieurs bandes dessinées éditées chez Delcourt et reprises récemment sur Arte, la jeune illustratrice traite de sujets du quotidien à travers le regard du professeur Moustache.

Qu'est-ce qui vous a amenée à choisir des sujets scientifiques à illustrer ?

Je pense que c'est une revanche personnelle ! J'avais un bon niveau mais je n'étais pas excellente en sciences à l'époque de mon bac : j'étais très intéressée, même si ça restait parfois compliqué. Pas question pour moi de comprendre le monde à travers des formules mathématiques… J'ai donc choisi de parler de ces sujets qui me fascinent à travers mon regard d'illustratrice. Ce qui m'intéresse, c'est aussi de briser les frontières entre les disciplines, ce que je fais à l'aide de la bande dessinée. Une fois, on m'a

demandé si j'avais choisi d'illustrer les sciences en faisant une étude
de marché… Heureusement que non !

Que trouvez-vous difficile quand vous évoquez un sujet scientifique en BD ?

J'essaie de trouver le bon compromis entre ma recherche de documentation
sur des sujets parfois ardus, l'accès aux connaissances les plus récentes
et les rencontres de chercheurs. Quand je travaille directement avec un
spécialiste, ça prend beaucoup plus de temps, des relectures, de nombreux
allers-retours, et les chercheurs n'ont pas que ça à faire, mais le résultat
est probablement plus précis. Je me plie à cet exercice quand les sujets
sont compliqués, comme ce qui concerne la génétique par exemple.
Si, à travers mes histoires, un lecteur a envie de s'intéresser au sujet,
alors j'ai rempli mon objectif !

Comment les chercheurs perçoivent-ils votre travail ?

Souvent, les scientifiques avec qui je suis en contact ont déjà lu mes bandes
dessinées ou mon blog. Ils sont assez ouverts, et si je travaille avec eux,
ça les amuse d'être dessinés. D'autres sont plus hermétiques, ils ont peur
de trahir la science et considèrent que simplifier, c'est mentir. Dans ce cas,
j'essaie d'expliquer que le public visé par mes planches ne va pas passer une
thèse le lendemain et qu'on doit pouvoir trouver un compromis ! Ce travail
de médiation est, selon moi, un passage obligé pour aiguiser la curiosité
du public. En caricaturant un peu, les chercheurs sont en haut d'une échelle
et la médiation sert à mettre un premier barreau pour franchir un pas
vers eux… Je suis persuadée que c'est aussi une question de génération,
les jeunes chercheurs sont probablement plus ouverts et ont compris qu'il
était essentiel de savoir dire ce qu'ils font, y compris dans des soirées
entre copains !

Pouvez-vous nous présenter le professeur Moustache ?

Le professeur Moustache part à la rencontre des chercheurs en croyant
qu'il en sait autant qu'eux, mais finalement il sue à grosses gouttes face
aux explications qui le dépassent complètement. S'il se trouve face à un
astrophysicien, il est étonné de voir un jeune chercheur dynamique et pas un
vieux barbu, son télescope à la main. Pour moi, il est le personnage naïf qui
sert à décomplexer le lecteur, il est aussi en quelque sorte mon alter ego.

Quels retours avez-vous de vos lecteurs ?

J'ai pas mal de retours sur le contenu de mes publications, mais aussi
quelques trolls sur mon blog, les fameuses personnes qui croient tout

savoir. Malheureusement je n'ai pas toujours le temps de tout lire...
Certains thèmes conduisent à des surréactions, comme l'évolution,
le féminisme... Rien de surprenant là-dedans. Un sujet qui me turlupine
est l'expérimentation animale. Je ne sais pas encore comment en parler
en BD. Pour l'instant, je n'ai pas encore trouvé la solution car dès que je
l'aurai abordé, ça va démarrer au quart de tour ! Sinon, depuis la diffusion
de « Tu mourras moins bête » sur Arte, mon public est plus jeune, et j'en
suis surprise. Des parents laissent regarder des enfants de 9 ou 10 ans,
probablement à cause de l'effet « dessin animé ». À l'origine, c'est plutôt
pour des ados et des adultes !

Des projets pour la suite ?

Des tas de choses... La série sur Arte continue, je prends soin également de
passer du temps sur mon blog, car ça m'amuse, ça me stimule mentalement,
et ça permet de continuer à « exister ». Parmi les gros travaux en cours,
une bande dessinée que je réalise en collaboration avec l'astronaute
Thomas Pesquet. Il avait mis un commentaire sur mon blog, je l'ai contacté
et, de fil en aiguille, on a été amenés à se rencontrer. Avec son aide, je vais
raconter le métier d'astronaute en illustrations, à travers son parcours,
sa sélection puis son entraînement, et évidemment la mission Proxima qui
s'est déroulée fin 2016 et début 2017. J'attends son retour sur Terre pour
continuer ! C'est un vrai challenge, mais c'est passionnant, évidemment...

Le blog du professeur Moustache :
http://tumourrasmoinsbete.blogspot.fr/@Prof_Moustache

ON RECRUTE DES AMBASSADEURS DES SCIENCES

Si les mastodontes de la culture scientifique semblent avoir une
longueur d'avance et que les projets vont bon train, cela n'empêche
pas chaque scientifique, chaque étudiant ou doctorant, chaque
technicien ou ingénieur, d'imaginer s'investir dans une action à sa
portée. Les enjeux liés à la culture scientifique, dont on reparlera,
nécessitent la mobilisation de tous les ambassadeurs des sciences,
afin d'assurer la fluidité d'un dialogue entre sciences et société
parfois discontinu. Et la présence étroite des chercheurs est indispensable pour tous ces acteurs de la médiation : les contenus et la

démarche scientifiques se devant d'être irréprochables, c'est aux côtés des universitaires et autres chercheurs que ces actions prennent sens. Encore mieux, c'est *avec* des chercheurs intégrés aux actions de culture scientifique des centres de sciences, associations et MJC que les initiatives montreront tout leur intérêt. Un médiateur scientifique, c'est bien, mais un médiateur *et* un chercheur, c'est encore mieux ! Dépasser la culture scientifique « marketing », celle qui veut rendre la science attractive et séduisante, pour aller vers la culture scientifique citoyenne, constructive et responsable, sera possible si les chercheurs se placent au cœur des dispositifs de média-tion. La culture scientifique qui se couperait du monde des sciences, en considérant que les chercheurs n'y sont pas à leur place, risquerait de dériver vers une culture consumériste, se satisfaisant d'avoir su attirer un public, mais sans aller au fond de la démarche.

N'oublions jamais que la rencontre avec un scientifique restera toujours un moment privilégié pour le public. La fascination et l'émotion qui entourent un moment de discussion marquent bien plus qu'une simple confrontation sans accompagnement, anonyme, avec les sciences. Et c'est aussi l'occasion d'aller plus loin que la simple vulgarisation, en laissant la possibilité au public de s'engager dans une démarche qui fera de lui un acteur, et non plus un simple visiteur.

... ET LE GRAND PUBLIC NE COMPREND RIEN AUX SCIENCES

Alors que les enquêtes semblent indiquer que les connaissances scientifiques du public sont faibles, les actions de culture scientifique sont-elles un combat perdu d'avance ? Pas si sûr. Apprenons-lui aussi à exercer son esprit critique, afin d'avoir un jugement en connaissance de cause. La recherche scientifique va même jusqu'à intégrer le public au cœur de processus expérimentaux : la science participative, vous connaissez ?

Plumes
Plomb
CHUIS SÛR,
Y'A UN
TRUC...

CHAPITRE 4

« LE GRAND PUBLIC EST NUL EN SCIENCES, ON PART DE LOIN »

Voilà une phrase que l'on entend dans certaines conversations de laboratoire. C'est parfois énoncé avec davantage de subtilité, mais l'idée est là. Alors, est-ce une idée reçue de plus ou bien, réellement, le grand public n'y connaît-il rien dans le domaine des sciences ?

UN FOSSÉ À COMBLER ?

Pour disposer d'éléments de réponse sur les connaissances globales des citoyens sur les sujets scientifiques, la Commission européenne a lancé plusieurs enquêtes depuis les années 1990. Voici une série de questions extraites des sondages Eurobaromètre sur le thème des Européens et la Science, effectués dans tous les pays de l'Union européenne. À chaque affirmation, il était demandé de répondre par vrai ou faux, ce qui paraît assez simple en apparence. Je vous invite à jouer, les réponses se trouvant à la fin de l'ouvrage (p. 164) ainsi que le pourcentage de réponses justes dans les sondages.

1. Le Soleil tourne autour de la Terre.
2. Le centre de la Terre est très chaud.
3. L'oxygène que nous respirons vient des plantes.
4. Le lait radioactif peut être rendu sain en le faisant bouillir.
5. Les électrons sont plus petits que les atomes.
6. Les continents se déplacent depuis des millions d'années et continueront à se déplacer dans le futur.
7. Ce sont les gènes de la mère qui déterminent si le bébé est un garçon ou une fille.
8. Les premiers êtres humains vivaient à la même époque que les dinosaures.
9. Les antibiotiques tuent les virus ainsi que les bactéries.
10. Les lasers fonctionnent en faisant converger des ondes sonores.
11. Toute radioactivité résulte de l'action de l'homme.
12. L'être humain s'est développé à partir d'espèces animales plus anciennes.
13. La Terre fait le tour du Soleil en un mois.

Cette enquête, comme d'autres qui ont été réalisées en France ou aux États-Unis, semble dévoiler que le niveau de connaissances du grand public est extrêmement faible[7]. Vous qui êtes dans le domaine scientifique, vos résultats sont-ils pour autant au-dessus de la moyenne ? Ce n'est pas si évident, car même pour des gens qui

---

7. Une enquête menée par la Fondation nationale des sciences (États-Unis) révèle par exemple qu'à la question « Combien de temps met la Terre pour tourner autour du Soleil ? », seules 54 % des personnes interrogées donnent la bonne réponse. Ce chiffre est en légère augmentation depuis les années 1990, au cours desquelles ont été posées les mêmes questions durant les enquêtes. La synthèse de l'étude complète est disponible sur https://www.nsf.gov/statistics/2016/nsb20161/#/.

ont fait des études scientifiques, parfois longues, le niveau de culture générale en sciences n'est finalement pas si élevé que ça. On ne peut donc se résoudre à une simple séparation entre les scientifiques d'un côté (ceux qui savent) et le public de l'autre (ceux qui ne savent pas). « La science n'est pas une vaste île séparée du continent de la culture, mais un archipel éparpillé d'îlots, parfois plus éloignés les uns des autres que du continent », suggère poétiquement Jean-Marc Lévy-Leblond (2001). Donc *oui*, il est vrai que le grand public n'a pas un niveau scientifique élevé. Ses connaissances, en moyenne, ne permettent sans doute pas d'avoir un avis éclairé sur les sujets scientifiques qui font l'actualité. Doit-on s'inquiéter ? Faut-il à tout prix éduquer la population aux sciences ? Lui apporter la culture scientifique minimale pour comprendre le monde ? Ce constat pessimiste sur l'état des connaissances du public a été, pendant de nombreuses années, l'argument principal visant à développer la vulgarisation scientifique. Je vous le résume : le peu de connaissances du public en science expliquerait l'incompréhension, la méfiance ou la non-acceptation de certaines recherches. On devrait donc, selon ce modèle dit « du déficit », leur apporter le savoir nécessaire pour disposer d'une culture générale scientifique minimale[8]. De vastes programmes d'éducation aux sciences ont été lancés pendant plusieurs années en se basant sur ce modèle. Les chiffres des sondages n'ayant pas évolué après ces actions, des chercheurs ont par la suite largement remis en question cette théorie, insistant notamment sur l'importance du contexte pour comprendre des faits scientifiques ou techniques. Par ailleurs, on admet aujourd'hui plus aisément que les citoyens sont en capacité

---

8. Le modèle du « déficit », lancé par Brian Wynne en 1982, s'appuie sur l'idée que le public est peu intéressé et critique vis-à-vis des sciences car il ne serait pas suffisamment informé, voire désinformé. La vulgarisation aurait donc pour objectif de combler ce déficit de connaissances.

de comprendre les principales problématiques, les incertitudes et les enjeux liés à la recherche, même sans être spécialistes pointus des sujets concernés. L'approche simpliste du modèle du déficit ne reflète donc pas la complexité de la problématique de la communication des sciences. Malgré la démonstration, le modèle du déficit se perpétue encore largement dans la communauté scientifique, comme l'ont constaté Simis et ses collègues (2016), qui expliquent notamment ce phénomène par la conception du public qu'ont les chercheurs : « Les chercheurs ne voient pas les non-scientifiques comme faisant partie du dialogue ou du débat scientifique, malgré la nature de plus en plus publique et politisée de la science aujourd'hui. » Nombreux sont les scientifiques qui persistent à croire qu'un transfert de connaissances vers le public est indispensable : comme la science et la technique inquiètent, la vulgarisation scientifique aurait aussi la responsabilité de combler le fossé et de rassurer le public pour le réconcilier avec la science (pour en savoir plus sur l'histoire de la culture scientifique, je vous conseille notamment les publications de Bernadette Bensaude-Vincent).

Non, la médiation scientifique ne se résume pas à un simple transfert de connaissances visant à combler les lacunes dans la culture générale de la population. Il s'agit avant tout d'un moment d'échange, de dialogue, de partage. L'expérience montre que l'on apprend les uns des autres même sans avoir un niveau de connaissances équivalent.

ET DANS LA PRATIQUE, ÇA DONNE QUOI ?

Envisageons les choses du côté de ceux qui pratiquent la culture scientifique. Vous qui êtes chercheur ou médiateur, sachez que vous allez pouvoir animer un atelier scientifique ou avoir une discussion constructive, même avec des interlocuteurs dont les connaissances ne sont pas au niveau que vous aviez imaginé. En effet, ce n'est pas tant leur niveau de connaissances qui importe, si vous souhaitez qu'on vous comprenne, mais plutôt la logique de l'histoire que vous allez raconter. Présentez votre sujet de façon accessible, en explicitant le contexte, votre questionnement, les solutions que vous avez envisagées, vos expériences et ce que vous en concluez : en un mot, la démarche scientifique ! Voilà un fil conducteur qui aidera n'importe quel public profane à comprendre le message que vous souhaitez faire passer. Avec cette logique et une préparation adéquate, même un sujet de recherche complexe peut être explicité en quelques minutes face au grand public. Vous n'êtes pas dans un cours face à des étudiants qui doivent assimiler des connaissances : il est tout aussi important et intéressant de parler de votre démarche et de votre métier que de notions scientifiques pures et dures. Le contenu n'est donc pas le seul défi à relever pour la culture scientifique. Ce défi, c'est aussi celui de l'éveil à l'esprit critique.

OUI OUI...
MAIS C'EST
DANS QUEL
DÉCAN ?

CHAPITRE 5

« LES GENS CROIENT PLUS EN L'ASTROLOGIE QU'EN LA SCIENCE, QUE VOULEZ-VOUS Y FAIRE… »

« La parole scientifique fascine, toujours, mais rencontre aussi aujourd'hui, de plus en plus souvent le doute, la défiance, l'animosité. Nous sommes dans une période où le partage de la science est entravé.

Entravé par les dogmatismes religieux,

Entravé par le mépris du savoir,

Entravé par le règne insidieux du relativisme, qui tend à mettre tous les points de vue sur le même plan, et ainsi à dénier aux résultats scientifiques leur caractère de vérité. »

Voilà les mots par lesquels Thierry Mandon, secrétaire d'État chargé de l'Enseignement supérieur et de la Recherche, introduisait la rencontre professionnelle *Science, culture, croyance, comment en parler ?* en mars 2016 au Musée de l'homme, à l'initiative de l'AMCSTI (2016).

En effet, pseudosciences, croyances populaires et autres thèses complotistes se portent bien, si l'on en juge par le nombre de sites web consacrés à ces thématiques. Ce succès n'est pas que virtuel : les cabinets de médecines dites alternatives se développent, tandis que des rumeurs climatosceptiques ou anti-vaccins surgissent régulièrement dans les médias. Pourquoi ces façons de penser, à mille lieues de l'esprit critique et de la visée d'objectivité inhérente au projet scientifique, persistent-elles encore au XXIe siècle ? Comment discerner les sciences des pseudosciences ? Il me semble que la culture scientifique a ici un rôle essentiel à jouer, dont encore peu de médiateurs ont pris conscience : la sensibilisation du public à l'esprit critique. À l'ère de Donald Trump, voilà un vrai défi d'actualité pour les acteurs de la médiation scientifique.

DE QUOI PARLE-T-ON ?

Certaines croyances ou modèles de pensée remettent en question le raisonnement scientifique et la science telle qu'on l'exerce aujourd'hui. Le terme « pseudoscience » est couramment utilisé pour évoquer toutes ces pratiques qui semblent s'appuyer sur des théories crédibles mais qui, en réalité, n'ont aucun fondement scientifique. Rien de bien méchant si on parle de licornes, du yéti ou du Triangle des Bermudes, mais ces phénomènes deviennent un peu plus problématiques quand certains individus mal intentionnés pratiquent ces « disciplines » douteuses, voire même dangereuses. Ces croyances concernent-elles plus particulièrement une tranche de la population qui serait peu éduquée ? Le constat est quelque peu étonnant : les personnes qui ont fait des études supérieures, contrairement à ce qu'on pourrait imaginer, sont également largement adeptes de pseudosciences. Les sociologues Daniel Boy et Guy Michelat s'intéressaient déjà à cette question il y a quelques années, en interrogeant un échantillon de la population sur ses croyances en l'astrologie et au paranormal. Après avoir mené l'enquête sur les liens entre les croyances et le niveau d'études d'une part, et l'origine socioprofessionnelle d'autre part, ils observent ainsi :

> « Signalons au passage le paradoxe apparent de ces résultats — en particulier pour le paranormal — par rapport à un modèle qui voudrait que "l'irrationalisme" ne subsiste que parmi les couches sociales exclues de l'enseignement long ou chez les personnes âgées, bref, dans des lieux sociaux où il serait amené à disparaître sous l'effet de l'évolution démographique et de la généralisation de l'enseignement long. À l'évidence, il faut abandonner un modèle linéaire selon lequel la proximité au rationalisme ou au mode de pensée scientifique irait de pair avec l'élévation du niveau d'études. » (Boy et Michelat, 1986)

L'explication du phénomène est sans doute bien plus complexe qu'on ne l'imagine. Une façon d'acquérir une « culture de substitution » (*ibid.*) pour certains ? Réponse à une forme de souffrance sociale pour d'autres ? Toujours est-il qu'un public existe bel et bien pour les pseudosciences, et les individus issus du milieu scientifique n'en sont pas exclus ! Intéressant à garder en tête quand on fait de la médiation scientifique.

ZÉTÉTIQUE, MOISISSURES ARGUMENTATIVES ET DINOSAURE QUI GALOPE

La profusion et la circulation ultrarapide d'informations en tout genre sur Internet provoquent parfois la mise sous les projecteurs d'informations douteuses, alimentant des théories conspirationnistes ou des remises en cause de faits scientifiques pourtant avérés et validés par la communauté scientifique. Dans ce contexte, les radars des médiateurs scientifiques se doivent d'être toujours en alerte, ne serait-ce que pour avoir connaissance de ces théories. Face au public, dans des discussions sur des sujets parfois controversés, garder un œil critique sur les arguments des uns et des autres s'avère être un précieux atout. Pour cela, je vous propose d'avoir à votre disposition quelques outils pour affiner votre esprit critique, outils qu'il peut être intéressant de transmettre au public pour l'amener à juger en connaissance de cause. La zététique, que l'on pourrait définir comme la science de l'esprit critique ou l'art du doute, va nous apporter un éclairage intéressant.

Les chercheurs qui s'intéressent à la zététique proposent quelques techniques pour aiguiser notre esprit critique, déceler les mensonges et analyser des pratiques douteuses. Le groupe Cortecs* (Collectif de recherche transdisciplinaire esprit critique et sciences) à Grenoble y travaille depuis quelques années, au point de proposer une série d'outils aidant à identifier ce qu'il appelle des « moisissures argumentatives ». De nombreuses théories dénoncées par les zététiciens se basent souvent sur des vues de l'esprit, des intuitions, ou encore des témoignages, sans preuve scientifique suffisante pour que

Caractéristiques de différentes allégations en fonction de leur ordinarité (Monvoisin, 2007).

Ordinarité	Exemple	Intérêt	Curseur de vraisemblance	Niveau de preuve requis
Assertion triviale	J'ai vu une grenouille	Tout le monde s'en fout	Proche de 100 % (varie selon la qualité coutumière de mes témoignages)	Très faible
Assertion étonnante	J'ai vu une grenouille rouge dans une forêt française	Fort intérêt	Assez proche de 0 %	Normal
Assertion incroyable	J'ai vu galoper un dinosaure	Perle rare	Quasiment 0 %	Extra-ordinaire

lesdites théories soient crédibles. Dans sa thèse, Richard Monvoisin, chercheur en didactique des sciences et en épistémologie, invite ainsi à placer un « curseur de vraisemblance » pour toute affirmation. Il propose ces quelques exemples exotiques (voir tableau) qui montrent la nécessité d'une preuve d'autant plus importante que l'assertion de départ est incroyable.

« Un bon indicateur de pseudoscience est l'invraisemblance (ou la vérisimilarité) de la thèse rapportée aux connaissances connues. [...] Bien entendu, la probabilité qu'un groupe d'individus vienne un jour bouleverser quasi *ex nihilo* les connaissances n'est pas nulle. [...] Dans ce cas il faudra un corpus de faits solides et des preuves extrêmement sévères en vertu du principe zététique : "une allégation extraordinaire nécessite une preuve plus qu'ordinaire". » (Monvoisin, 2007)

Les chercheurs du collectif Cortecs ont classé par catégories les « arguments de mauvaise foi » fréquemment utilisés, volontairement ou non, dans notre quotidien. Si ces exemples peuvent s'appliquer aux sciences, l'utilisation de ces « moisissures argumentatives » fait pleinement partie des discours des complotistes, gourous et autres manipulateurs mentaux, mais aussi... des hommes et femmes politiques. Voici des extraits du *Petit recueil de 20 moisissures argumentatives* et d'autres exemples que vous pouvez retrouver en intégralité sur le site du Cortecs, et que les zététiciens utilisent dans leurs concours de mauvaise foi (à essayer absolument).

Erreurs logiques

La généralisation abusive

Méthode : prendre un échantillon trop petit et en tirer une conclusion générale.

Exemple : « Les Chinois sont vachement sympas. J'en connais deux, ils sont trop cools. »

Le non sequitur (« *qui ne suit pas les prémisses* »)

Méthode : dans ce sophisme, la conclusion est tirée de deux prémisses qui ne sont pas logiquement reliées, même si elles peuvent être vraies indépendamment l'une de l'autre. On crée alors l'illusion d'un raisonnement valide.

Exemple : « Il est fort probable qu'une intelligence supérieure soit en jeu dans l'élaboration de l'univers. Le hasard ou une quelconque théorie de l'évolution des espèces ne peuvent donc être les seuls responsables de cette perfection. »

Attaques

Le déshonneur par association, ou *reductio* ad hitlerium

Méthode : disqualifier un adversaire en le comparant à un personnage honni du passé comme Hitler, Mussolini, Pol Pot... Par extension, le *déshonneur par association* peut s'immiscer lorsqu'on opère une catégorisation fallacieuse des arguments présentés : il s'agit de rattacher l'argumentaire à un concept, un courant, une doctrine qui est connue pour être en elle-même négative, réfutée, inadmissible, immorale.

Exemple : « Voyons, si tu adhères à la théorie de Darwin, alors tu cautionnes la "sélection" des espèces, donc le darwinisme social et l'eugénisme, ce qui rappelle certaines heures sombres... »

La pente savonneuse

Méthode : faire croire que si l'on adopte la position de l'interlocuteur, les pires conséquences, les pires menaces sont à craindre.

Exemple : « Si l'humain descend du singe, où va-t-on ? C'en est fini de la morale ! »

Le renversement de la charge de la preuve

Méthode : demander à l'interlocuteur de prouver que ce qu'on avance est faux.

Exemple : « À vous de me démontrer que le monstre du Loch Ness n'existe pas. »

Travestissements

L'appel à la popularité

Méthode : invoquer le grand nombre de personnes qui adhèrent à une idée.

Exemple : « Des milliers de gens se servent de l'homéopathie, ça prouve bien que ça marche. »

Ces exemples et d'autres sont à retrouver en intégralité sur https://cortecs.org/materiel/moisissures-argumentatives/.

La zététique vous intéresse ? Si le site web du Cortecs fourmille de ressources, d'exemples et de cas pratiques, vous pouvez également jeter un coup d'œil aux projets suivants.

Les vidéos de **La tronche en biais**, dont la chaîne YouTube rencontre un beau succès. Leurs réalisateurs ont d'ailleurs remporté l'un des prix Diderot de l'initiative culturelle en 2016, remis par l'AMCSTI. Émissions en direct, interviews et autres reportages sur le scepticisme ou le créationnisme, vus par Vled Tapas et Acermendax, les deux animateurs. Dans le même esprit… critique, la chaîne **Hygiène mentale** propose de l'éducation aux médias et de l'analyse d'images.

www.youtube.com/user/TroncheEnBiais @TroncheBiais

www.youtube.com/user/fauxsceptique @FauxSceptique

Le Pharmachien répond en mode bande dessinée aux questionnements d'actualité sur les sujets en lien avec la santé. Billets d'humeur garantis !

http://lepharmachien.com/ @lepharmachien

Professeur à l'université Paris-Diderot, Gérald Bronner travaille sur les croyances collectives. Ses recherches en sociologie nous éclairent sur la médiation des sciences dans un contexte où fleurissent les pseudosciences.

Quel regard portent les sciences humaines et sociales sur la médiation scientifique ?

Les sciences humaines et sociales ne répondent pas d'une seule voix à cette question. La sociologie, notamment, connaît des divergences dans la réflexion qui est menée sur la diffusion des connaissances. Les actions de diffusion des sciences dans les années 1990 se basaient sur le fait qu'un malentendu persistait entre public et scientifique, une incompréhension qu'il suffirait de dissiper pour amener le public à ne plus craindre l'innovation technologique. On sait aujourd'hui que cette vision des choses est dépassée, mais une partie des sociologues des sciences se sont saisis de ces inquiétudes « citoyennes » en estimant que l'avis des citoyens était aussi légitime que l'orthodoxie de la science. À tel point que la sociologie serait même utile pour défendre des acteurs minoritaires, des associations autoproclamées citoyennes, basées sur une partie de l'opinion publique. Ces collègues considèrent parfois que défendre l'orthodoxie de la science serait se mettre au service d'un système de domination. Il s'agit d'une illustration de ce que Bertrand Russell nommait le « sophisme de la vertu supérieure de l'opprimé ». Je considère cela comme une forme de cryptorelativisme qui consiste à nier que certains systèmes argumentatifs soient objectivement mieux fondés que d'autres.

La médiation scientifique a justement tendance à laisser la parole à chacune des parties, pour que le public se forge sa propre opinion… En démocratie, l'avis de chacun ne compte-t-il pas de manière égale, y compris sur les sujets scientifiques ?

Sur les questions scientifiques et techniques, il est intéressant d'observer que tous les acteurs sociaux ont un avis, y compris sur des points qu'ils ne maîtrisent pas du tout. Vous pouvez vous-même le constater lors de n'importe quel repas de famille, le dimanche… Or, l'impression de savoir est souvent plus dangereuse pour la connaissance que l'ignorance. En considérant que les connaissances sont des constructions sociales (ce qui est vrai), certains collègues sociologues (constructivistes) pensent qu'elles n'auraient donc aucune valeur objective. La production collective des sciences n'aurait pas plus d'importance que celle issue du monde citoyen. Cette théorie aboutit alors à un *statu quo* sur les connaissances, ce qui finalement nuit à leur diffusion. Ce phénomène persiste largement, d'autant que les médias tirent une plus-value de la controverse : l'exhibition de fausses controverses scientifiques donne l'impression d'un débat, qui est une nourriture intéressante pour le cerveau. À titre d'exemple, prenons le cas du changement climatique : 97 % des scientifiques sont d'accord sur le phénomène. Donc quand les médias donnent le même temps de parole à un scientifique et à un climatosceptique, on est dans une mise en scène avec un rapport de force inégal. Même si les journalistes pensent qu'il faut présenter plusieurs points de vue, la méthode est finalement peu déontologique.

Persiste aussi le syndrome du scientifique isolé, qui avait finalement raison…

Oui, tout à fait, c'est le syndrome de Galilée, qui défend un point de vue contre tous, et qui s'avère finalement avoir raison. Dans les médias, c'est très vendeur et cela permet clairement à certains de faire passer des points de vue. Que ce soit Séralini ou Belpomme[9], les thématiques dont il

---

9. Gilles-Éric Séralini, professeur de biologie moléculaire à l'université de Caen, fait publier en exclusivité dans *Le Nouvel Observateur* en septembre 2012 un dossier qui démontrerait que les OGM sont toxiques pour l'homme. Basé sur des études scientifiquement infondées, le dossier fait grand bruit dans la communauté scientifique, et la méthode de médiatisation abusive du chercheur est largement critiquée. Le professeur Belpomme, cancérologue, a quant à lui beaucoup fait parler de lui en lançant des affirmations alarmistes reprises dans les médias, sur le cancer et ses causes environnementales. Auteur d'un rapport controversé sur les pesticides, il interpelle l'opinion publique au sujet du risque causé par les ondes électromagnétiques, qui n'ont pourtant jamais été scientifiquement considérées comme nocives.

est question en ont fait des scientifiques internationalement connus, même si c'est avec un regard très négatif. Le professeur Belpomme consulte encore aujourd'hui et délivre des certificats médicaux à des personnes dites électrosensibles. C'est devenu un business dangereux, qui détourne même certains patients des traitements psychiatriques dont certains auraient besoin. Globalement, les recherches « positives », qui montrent un effet, ont beaucoup plus d'impact auprès des médias et du public que les recherches négatives, même avec des méthodes complètement douteuses et probablement un peu de mauvaise foi...

L'éducation à l'esprit critique devrait-elle se généraliser ?

Dans le contexte des technologies numériques actuelles, on a affaire à une révolution sur le marché de l'information, où toutes les idées et croyances cohabitent en concurrence. Je pense en effet qu'il est indispensable d'accompagner ce changement majeur par une autre révolution, pédagogique cette fois. C'est l'un des enjeux démocratiques de demain. Depuis le cours préparatoire jusqu'aux universités, insérer des cours de pensée méthodique permettra aux jeunes générations d'apprendre à se méfier de ses propres intuitions, à connaître ses biais cognitifs. Les chercheurs eux-mêmes n'y sont pas suffisamment formés et sensibilisés. Les biais cognitifs étant bien identifiés, nous disposons du matériau pédagogique pour mettre en place cette sensibilisation, à laquelle, pour ne rien vous cacher, je travaille actuellement avec le ministère de l'Éducation nationale.

FAITES COMME VOUS VOULEZ, MAIS MOI JE CREUSERAIS PLUTÔT PAR LÀ !
MON CHIEN EST D'ACCORD ET LES OS C'EST SON RAYON.
WIF
Fouilles Archéologiques

CHAPITRE 6

« LA RECHERCHE, C'EST RÉSERVÉ AUX SCIENTIFIQUES ! »

Selon certains, la science, qui aurait réponse à tout, devrait rester entre les mains des chercheurs qui, seuls, seraient habilités à penser et pratiquer les sciences dans les règles de l'art. Les scientifiques seraient-ils les propriétaires exclusifs des sciences ? Pourtant, sur nombre de sujets, les débats dépassent largement les scientifiques et s'immiscent même fréquemment dans la sphère sociale et politique. Même si les connaissances moyennes de la population n'atteignent pas des sommets, est-ce que ça signifierait pour autant qu'il ne faut pas l'informer ou l'impliquer dans des discussions autour de sujets scientifiques ? Si les chercheurs restent aux commandes, il n'empêche qu'une petite place peut être trouvée pour le public : en témoignent les pratiques émergentes en sciences participatives qui montrent qu'on peut penser et pratiquer des sciences de qualité tout en incluant le public au cœur du processus scientifique, un dispositif gagnant-gagnant.

LA SCIENCE, À TOUT PRIX ?

De manière simplifiée, la science consiste à tenter de comprendre le monde qui nous entoure, notre civilisation et celles qui l'ont précédée, et à essayer de construire ensemble le monde de demain. On y associe souvent les mots : logique, raison, méthode, connaissance. Et le scientifique aurait donc une vision du monde plutôt rigoureuse, cartésienne, droite. À noter que le terme « science » n'a pas toujours couvert la même idée qu'aujourd'hui : quelques spécificités et contradictions du concept et du terme « science » ont été décortiquées par Jean-Marc Lévy-Leblond, qui s'est amusé

Sens 1 : une démarche intellectuelle contraignante visant une compréhension rationnelle du monde naturel et social.
Sens 2 : un corpus de savoirs substantiels communément acceptés, évalués comme objectifs et considérés à un moment donné.
Sens 3 : les sciences appliquées et la technologie, avec ce point important qui est la genèse sociopolitique des axes de recherche, des développements technologiques et des flux financiers.
Sens 4 : la communauté scientifique avec ses mœurs, ses rites et ses luttes de pouvoir (la sociologie interne du champ scientifique).

à chercher les origines du mot dans plusieurs langues, du basque à l'allemand en passant par la langue des signes (Lévy-Leblond, 2006). Cette enquête laisse apparaître les notions d'apprentissage, de connaissance, d'enseignement ou encore de vérité universelle. Des nuances qui amènent chacun d'entre nous à s'interroger sur ce qu'on entend par « science », ce mot qu'on nous répète depuis l'école primaire.

Cette même science ne permet certainement pas de répondre à toutes les questions que l'on se pose. À un temps donné, certains phénomènes et certains comportements n'ont pas d'explication purement scientifique. Par exemple, il n'existe aujourd'hui pas de manière expérimentale et objective de répondre à une interrogation telle que : « Sommes-nous seuls dans l'univers ? » Ce qui ne veut pas dire que cette question quasi philosophique n'aura jamais de réponse scientifique. Il semble pertinent d'admettre que la science nous apporte *un* regard sur le monde, à travers un prisme particulier, complétant probablement d'autres visions qui sont aussi différentes qu'indispensables. Richard Monvoisin nous rassure sur la non-hégémonie de la science avec ce paragraphe qui m'a semblé une belle synthèse :

« La science n'est pas la seule manière d'investiguer le réel. Effectivement, tout un chacun a la possibilité de s'en remettre à l'introspection, à la lecture de Révélations, à l'art de la méditation ou à la gamme des mancies pour choisir et décider. La science, bien moins trépidante à première vue, a ceci d'intéressant qu'elle est construite pour être la "manière efficace" de décrire le réel. Tout y est fait pour éviter les biais subjectifs, et pour que les descriptions soient assorties de tous les bémols possibles, de l'écart type des résultats à la fiabilité, leur reproductibilité, etc. Il ne faut pas compter sur la science pour vous dire ce qui est "beau" dans une toile de Modigliani, ou pour apprécier la lecture des *Chants de Maldoror*. Par contre, si l'on veut savoir si quelque chose "marche", fonctionne, est efficace ou assure le plus de chances de réussite, la science est tout simplement faite pour ça. » (Monvoisin, 2007)

Sans entrer dans des débats complexes de philosophie des sciences, il convient ainsi d'attirer l'attention de certains scientifiques qui souhaiteraient absolument convaincre le tout public que seule leur vision scientifique du monde serait valable.

On sait de toute façon que chercher à convaincre à tout prix qu'une croyance est erronée ne fonctionne pas. « Corriger les erreurs factuelles liées aux croyances d'une personne n'est pas seulement inefficace, mais cela renforce ses croyances erronées, car "cela menace sa vision du monde ou l'idée qu'elle se fait d'elle-même" », explique Michael Shermer (2017) dans un récent article de *Pour la science*. L'une des réponses efficaces pourrait consister, selon l'auteur, à « mettre ses émotions de côté, […] écouter attentivement […], montrer du respect, […] essayer de montrer comment changer de vision des faits n'implique pas nécessairement de changer de vision du monde ». Un travail de fond, qui nécessite minutie et patience. Face à des gens pleinement convaincus, l'affront ne sera pas très constructif ! Considérer avec condescendance ceux que la philosophie ou les religions aident à comprendre le monde ne sera pas d'une grande utilité pour nourrir le débat. Quelques lectures en épistémologie et en philosophie des sciences, un minimum de conscience politique et morale, de l'humilité ; voilà peut-être quelques ingrédients à avoir dans sa besace quand on pratique la médiation scientifique et plus généralement quand on fait de la science.

LA SCIENCE SANS LES CHERCHEURS ?

Laissons un peu de côté les questions théoriques. Dans les faits, la recherche est-elle réservée aux seuls scientifiques ? Si la réflexion, les séances expérimentales en laboratoire, les colloques et les publications rythment leur quotidien, les sujets de sciences ne sont pas l'apanage des seuls chercheurs, qu'ils le veuillent ou non. En effet, le financement de la recherche est déterminé par de grands axes stratégiques votés par les gouvernements ou la Commission européenne, ou à plus petite échelle par les conseils régionaux par exemple. Mais il est aussi aux mains des politiques et du CAC 40. Ce qui n'empêche pas les chercheurs de disposer encore d'une marge de liberté nécessaire à la créativité ou à l'intuition, ingrédients indispensables dans le domaine.

Et le grand public ? Est-il associé aux recherches scientifiques ? De manière générale, la plupart des recherches se déroulent à bonne distance des citoyens lambda. Dans un laboratoire, pas de raison d'avoir du public pour des raisons de sécurité et de confidentialité, notamment. Par contre, différents dispositifs sont proposés pour que les citoyens s'expriment sur des sujets de société en lien avec les sciences : des consultations publiques sont lancées par des institutions, qui proposent régulièrement à chacun de donner son avis en amont de la construction des programmes de financement, comme Horizon 2020[10]. Est-ce là un véritable processus démocratique visant à prendre en compte l'avis des citoyens ? Ou plutôt une campagne pour favoriser l'acceptabilité de nouvelles technologies, bref, un débat biaisé qui donnerait bonne conscience aux politiques ? Les expériences récentes sur les nanotechnologies ou le nucléaire ont souvent tourné court, les opposants refusant de participer à ce qu'ils considéraient comme une mascarade. Entre lobbying financier, pression politique et méthode d'organisation de débats à réinventer, les consultations publiques sur les sujets scientifiques ne sont pas encore aussi abouties et constructives qu'on pourrait l'espérer.

---

10. Horizon 2020* est le nom de l'un des principaux programmes de financement de la recherche, piloté par la Commission européenne pour la période de 2014 à 2020.

OPEN ACCESS ET CULTURE SCIENTIFIQUE

Depuis quelques années, la communauté scientifique s'interroge sur le fonctionnement de ce qui constitue le cœur de son activité : les publications scientifiques. Traditionnellement, les chercheurs soumettent leurs articles à des revues scientifiques à comité de lecture. Ces articles sont lus et décortiqués par des spécialistes avant toute publication. Si la soumission est validée, l'article est publié (généralement gratuitement), et le chercheur évalué selon la notoriété de la revue. Le modèle économique du système repose principalement sur les lecteurs (d'autres chercheurs, finalement) qui paient souvent très cher pour accéder aux articles. Aujourd'hui, parce qu'ils en ont assez de payer des abonnements plusieurs milliers d'euros, des scientifiques prônent la publication en libre accès (*open access* ou *open science*). Des plateformes spécifiques se sont aussi mises en place pour répondre à cette tendance qui semble se généraliser, même si les éditeurs historiques résistent. Les ministres européens de la Recherche, qui se sont penchés sur la question courant 2016, ambitionnent même de passer intégralement à l'*open access* d'ici à 2020 pour tous les projets ayant reçu une aide de l'Europe. Ceci permettrait, comme le prévoit le programme Science ouverte, de rendre la recherche européenne plus concurrentielle.

La science en libre accès est ainsi de plus en plus à la portée d'un clic pour le public : n'importe quel internaute peut trouver des publications sur à peu près tous les sujets. Mais science ouverte et culture scientifique ne sont pas pour autant deux démarches similaires. Que cette « matière première » scientifique soit facile d'accès, c'est une chose, mais le public ne dispose évidemment pas des outils pour la décrypter et l'analyser. Imaginez combien un lecteur peut se trouver démuni en lisant une publication sans aucun élément de contexte, sans aucun historique, sans aucun accompagnement ! Par contre, on peut penser que cette mise à disposition facilite le travail de comités d'experts, de groupes de citoyens ou d'associations qui souhaiteraient approfondir une thématique et apporter un regard complémentaire sur un sujet.

À noter que les citoyens européens ont aussi été invités à s'exprimer sur la médiation scientifique : une consultation vient de se terminer en 2016 sur le programme Science avec et pour la société 2018-2020. Le site Internet du programme Horizon 2020 précise que « l'objectif de cette contribution est de fournir à la Commission européenne une vision globale de l'écosystème science-société actuel et des priorités et des attentes de celui-ci. […] Les éléments récoltés viendront nourrir la réflexion de la Commission européenne en amont de la rédaction du futur programme de travail ».

LE PUBLIC AU CŒUR D'UN PROJET DE RECHERCHE

Il existe toutefois des projets scientifiques dans lesquels le public est directement impliqué : c'est le cas des sciences dites « participatives ». En 2016, le rapport rédigé par François Houllier et ses collègues de l'Institut national de recherche agronomique propose une vision assez détaillée du concept de sciences participatives. La définition retenue est la suivante : « Forme de production de connaissances scientifiques auxquelles des acteurs non scientifiques-professionnels — qu'il s'agisse d'individus ou de groupes — participent de façon active et délibérée. » L'idée d'associer des amateurs à des collectes ou des observations ne date pas d'aujourd'hui, mais s'est considérablement étendue au cours du XXe siècle. D'abord réservées aux sciences naturelles, les actions de sciences participatives se sont développées autour de thématiques aussi vastes que la santé, le numérique, le social, l'éducation, l'astrophysique. Aujourd'hui, même s'il reste faible face à la somme totale des publications scientifiques, on recense une forte croissance du nombre d'articles scientifiques qui s'appuient sur cette démarche. Le rapport Houllier a inventorié environ 800 publications qui relèvent des sciences participatives en 2015, dont la plupart sont produites aux États-Unis (de manière logique, puisque le nombre de publications en provenance des États-Unis représente aussi une grande majorité des publications globales). Cette pratique semble se développer de manière exponentielle, et ce, dans toutes les disciplines.

Mobilisant des amateurs passionnés, des associations de malades ou des groupes d'habitants, les projets de sciences participatives placent le public au cœur du dispositif de recherche. Les acteurs sont souvent sollicités pour collecter des données (observations d'insectes ou d'oiseaux dans son jardin, habitudes alimentaires…), mais leur contribution permet aussi d'imaginer des solutions nouvelles à des problèmes complexes. Le jeu sérieux Fold It par exemple, lancé il y a quelques années, invite les utilisateurs à concevoir des modèles de protéines dont la structure tridimensionnelle permet de trouver de nouvelles fonctions à ces protéines. Grâce aux 250 000 utilisateurs enregistrés à ce jeu en ligne, le problème de la structure de certaines protéines complexes a été résolu, ce qui n'aurait pas été possible avec l'intervention des seuls chercheurs. Mais les sciences participatives n'ont pas comme unique intérêt de multiplier et de diversifier la collecte de données ou de capitaliser sur l'imagination du public. Génératrices de contacts entre citoyens et scientifiques, ces démarches impliquant étroitement acteurs de la recherche et public ont la particularité de sensibiliser le public au métier de chercheur et à la démarche scientifique, tout en permettant aux citoyens de contribuer à l'élargissement des connaissances globales sur un sujet.

Les sciences participatives apportent également aux chercheurs du recul sur leurs travaux, les mettant en posture d'écoute et de dialogue avec le public. Une tendance qui se développe et à laquelle le public adhère, comme le confirme un sondage Ipsos de mai 2016 qui relève qu'une majorité de Français est prête à s'impliquer dans les sciences participatives en intégrant des protocoles de recherche ou en donnant accès à des informations personnelles aux chercheurs.

Que vous soyez amateur de science ou chercheur, si les sciences participatives vous tentent, vous pouvez commencer par explorer les projets existants. En voici une petite sélection.

Fold It. En 2010, des chercheurs bloqués par la complexité d'une protéine au joli nom de « protéase rétrovirale du virus M-PMV » ont compris en quelques semaines comment elle était structurée, grâce à ce jeu sérieux. Le monde des protéines a besoin de votre contribution ! Agencez les protéines comme bon vous semble pour résoudre le puzzle proposé.
https://fold.it/portal/ @Foldit

Zombilingo. Vous aimez la grammaire et les zombies ? Ce jeu est fait pour vous ! Vous contribuerez à améliorer le traitement automatique des langues, qui pose parfois quelques problèmes aux chercheurs en informatique. Regardez bien le dernier mot de ces deux phrases et vous comprendrez pourquoi votre analyse pourra apporter une valeur ajoutée à celle de l'ordinateur : « Léo mange une pizza avec des amis »/« Léo mange une pizza avec des anchois ».
http://zombilingo.org/ @ZombiLingo

Zooniverse. S'appuyant sur le succès de GalaxyZoo, Zooniverse est devenue une plateforme multidisciplinaire sur laquelle les internautes peuvent contribuer à de nombreux projets de recherche : analyse de documents historiques, observation d'illustrations scientifiques, identification d'objets célestes ou encore comptage de pingouins.

https://www.zooniverse.org/ @the_zooniverse

FAB LABS ET LIVING LABS, NOUVEAUX ESPACES, NOUVELLES PRATIQUES

L'émergence de projets menés par et avec le public se confirme avec la multiplication des **Fab Labs**, surfant sur le concept très en vogue du *do it yourself*. Vous n'avez pas pu passer à côté de ces ateliers ouverts au public, dans lesquels chacun est invité à venir bricoler ses objets, avec des imprimantes 3D et tout un tas de machines numériques mises à disposition de la communauté. L'utilisation des concepts et des outils est gratuite, s'appuyant aussi sur le partage de l'expérience et du savoir-faire des habitués, assurant par là même une transmission des pratiques. Initialement fréquentés par des étudiants en électronique, des informaticiens, de futurs ingénieurs ou architectes, les Fab Labs se sont démocratisés et multipliés ces dernières années, allant jusqu'à investir le milieu rural où les habitants de petits villages viennent bricoler, apprendre, partager. À l'interface entre art, culture, science, numérique et innovation, les Fab Labs constituent des plateformes d'échanges dans lesquelles se croisent des publics aux savoir-faire et aux expériences multiples. Ces lieux émergents, parfois décalés, s'inscrivent pleinement dans l'esprit de la culture scientifique et technique d'aujourd'hui, créatrice de liens et laissant la place à un public acteur, plongeant les mains dans les sciences et les technologies. L'impression de bijoux en 3D, la conception d'un vélo électrique, la réparation d'objets électroniques ou la fabrication d'une prothèse de jambe sont autant d'exemples de projets issus de ces lieux d'innovation collaborative.

Dans une autre perspective, les **Living Labs** se définissent comme « une méthode de recherche en innovation ouverte qui vise le développement de nouveaux produits et services. L'approche promeut un processus de cocréation avec les usagers finaux dans des conditions réelles et s'appuie sur un écosystème de partenariats public-privé-citoyen ». Cette définition, proposée dans « Le livre blanc des Living Labs », précise également que l'on trouve des Living Labs dans tous les domaines, de l'environnement à la santé en passant par l'agriculture, le concept offrant « une connexion plus riche avec les usagers permettant d'enrichir le processus d'innovation dans son ensemble » (Montréal InVivo, 2014). Concrètement, ces laboratoires vivants partent du principe que certains projets scientifiques nécessitent une construction collective, avec la participation active des futurs usagers au même niveau que les chercheurs. Par exemple, dans le domaine de la santé, les Living Labs offrent l'opportunité de réfléchir à des thématiques comme l'autonomie à domicile ou la télémédecine. Les patients, le corps médical, les scientifiques et les industriels qui conçoivent des équipements peuvent réfléchir et expérimenter ensemble, garantissant une technologie plus adaptée et mieux acceptée par le public. Ces sujets représentent des enjeux colossaux pour le développement de notre société dans les années à venir. En France, plusieurs centres de sciences — par le biais du collectif Inmédiats — se sont récemment emparés de cette question, faisant le pari que le développement des Living Labs aura encore plus de sens en l'associant à des projets et des acteurs de culture scientifique. « L'écosystème nécessaire à la création d'un Living Lab préexiste dans les centres de sciences et ne demande qu'à être mobilisé », peut-on lire dans les *Cahiers d'Inmédiats*, publiés en 2014.

La démocratisation de la science est-elle en route ? Une chose est certaine : chacun d'entre nous, par les dizaines de dispositifs mis en place sur Internet ou dans des lieux émergents, peut s'exprimer, s'impliquer, contribuer à l'avancée des sciences. Ces phénomènes, encore récents, laissent clairement une place pour tous les citoyens dans la construction de notre société de demain. Cette page d'histoire de la culture scientifique doit aussi s'écrire avec les chercheurs, que j'invite à se saisir de ces multiples opportunités pour reconsidérer leur propre rapport avec le public. À vous de jouer !

SCIENCES ET MÉDIAS SONT INCOMPATIBLES

Les rapports semblent souvent compliqués entre deux mondes qui se fréquentent peu et qui, sans doute, se méconnaissent. Cette soi-disant incompatibilité mérite que l'on s'intéresse de plus près aux contraintes et aux attentes des acteurs concernés. Car ces rapports évoluent : l'ère numérique dans laquelle nous sommes plongés semble bien bouleverser la présence des sciences dans les médias. On présente même la science en 180 secondes, maintenant !

IL SEMBLERAIT QUE NOUS AYONS UNE PISTE POUR ÉVENTUELLEMENT UTILISER UNE MOLÉCULE A PRIORI PROMETTEUSE QUI POURRAIT PEUT-ÊTRE PERMETTRE DE PRÉVENIR LA FORMATION DE CERTAINES TUMEURS...
MESDAMES ET MESSIEURS, LE VACCIN CONTRE LE CANCER EST POUR DEMAIN !

CHAPITRE 7

« LES JOURNALISTES DÉFORMENT TOUS LES PROPOS, ON NE PEUT PAS LEUR FAIRE CONFIANCE ! »

Un scientifique et un journaliste peuvent-ils se comprendre ? Le dialogue est-il possible entre ces deux professionnels que tout semble opposer ? Après des expériences médiatiques parfois délicates, les chercheurs semblent dubitatifs sur la capacité des journalistes à traiter les informations scientifiques de manière rigoureuse. De leur côté, les journalistes sont à la recherche de « bons candidats » quand il s'agit de parler d'un sujet scientifique.

LE JOURNALISTE SOUS LA CONTRAINTE

Des ratés sont possibles côté journalistes, c'est vrai. Dans certaines situations, on a nettement l'impression que la recherche du scoop l'a largement emporté face à l'investigation approfondie et au croisement des sources d'informations. Dans l'affaire Séralini, en 2012, quand *Le Nouvel Observateur* annonce en grande pompe que « les OGM sont des poisons », l'éthique journalistique est sérieusement secouée. Cette information sensationnelle et exclusive aurait mérité qu'on y regarde à deux fois avant de la publier, puisqu'il s'agissait finalement d'un résultat largement remis en question par la communauté scientifique.

Si de tels exemples sont assez rares, les journalistes sont malgré tout amenés à devoir attirer l'attention du lecteur ou de l'auditeur par des techniques d'accroche, flirtant de temps à autre avec les limites de l'information. La presse scientifique grand public n'échappe pas à ces excès. Richard Monvoisin (2007) a par exemple disséqué des articles de *Science et Vie* mettant en évidence des pseudo-scoops, des analogies douteuses, des idées reçues, des affirmations péremptoires et même quelques erreurs. Des annonces parfois spectaculaires doublées d'illustrations mystérieuses peuvent rapidement laisser place à des informations fragiles, plutôt de l'ordre de l'application potentielle, non encore vérifiée. Par ailleurs, l'image caricaturale du scientifique est très présente dans ces supports, la recherche étant souvent présentée un peu rapidement comme l'œuvre d'un seul individu : Hubert Reeves, par exemple, joue parfaitement le rôle du scientifique en qui l'on a confiance. Sa photo rassurante, régulièrement brandie à la une de *Science et Vie* ou de *Sciences et Avenir*, passe très bien auprès du public, à tel point qu'elle fait vendre… quitte à ce qu'on l'interroge sur des sujets qui ne relèvent pas de sa spécialité (Monvoisin, *ibid.*). Tels qu'ils sont rédigés, certains articles avides de nouveauté laissent également croire que les chercheurs avancent en terre inconnue, tels des aventuriers des sciences qui défrichent le savoir, là où personne ne serait passé avant eux. Une fausse image, bien loin de la réalité, s'il était besoin de le préciser.

Alors pourquoi ces raccourcis un peu faciles de la part de certaines rédactions ? Forcément, nous vivons dans un monde où les médias sont soumis à la pression financière : il faut continuer à vendre toujours plus pour exister. Peu scrupuleux, certains journalistes ne prennent pas suffisamment le temps d'investiguer un minimum, au risque de largement compromettre la validité des informations qu'ils publient. Au risque également d'ébranler la confiance — déjà fragile — entre la communauté scientifique et les médias. Ces derniers sont aussi fortement soumis à la pression du temps : quelques heures pour écrire et publier, c'est bien trop court pour mener des enquêtes approfondies. On se contente donc parfois de reproduire un communiqué de presse et une conversation téléphonique avec un chercheur, ce qui ne suffit pas toujours. À la radio ou à la télé, certains ont aussi la fâcheuse tendance à recontacter le chercheur de la dernière interview, cet intervenant idéal qui répondait de manière claire aux questions posées. La tentation est forte de le mettre à toutes les sauces, sous prétexte qu'il est un bon candidat. Personnellement, quand j'écoute un généticien parler de réchauffement climatique, ça me pose quelques questions, même s'il sait bien parler.

Cette face obscure des journalistes n'est pas une généralité dans la profession, bien évidemment, mais elle est susceptible de causer quelques dégâts. Les médias étant la principale source d'information du public sur les sciences, on imagine aisément les conséquences d'une information mal interprétée ou erronée concernant une actualité scientifique. Un exemple récent en date d'avril 2016 concerne la mauvaise interprétation d'un rapport ERDF par le *Canard enchaîné*[11], expliquant que « plus d'une éolienne sur deux, en France, qui en compte environ 10 000, ne sert strictement à rien ». Les éoliennes ne seraient pas reliées au réseau, elles ne

---

11. « Des éoliennes qui vendent du vent », paru dans *Le Canard enchaîné* le 13 avril 2016.

fourniraient donc aucune énergie. Information croustillante mais fausse, immédiatement reprise des centaines de fois, à la légère, sur les réseaux sociaux. Pas de quoi créer un scandale, certes, mais comment ne pas craindre de voir que la confiance en la science s'effrite peu à peu, une fois de plus ?

Vous qui êtes chercheur, quand vous avez rendez-vous avec un journaliste, soyez conscient de ces contraintes inhérentes la profession. C'est vous qui êtes à même de décrypter une actualité scientifique avec le recul indispensable : pensez à contextualiser une recherche, à rappeler des éléments d'historique, à cerner précisément les enjeux et les limites d'un sujet, mais aussi, pourquoi pas, à renvoyer vers d'autres collègues qui pourraient apporter un point de vue complémentaire. Grâce à votre intervention préparée, l'esprit critique et d'analyse du professionnel qui vous fait face l'aidera à faire un excellent travail journalistique, chacun s'aidant mutuellement !

JOURNALISTE SCIENTIFIQUE, UN VRAI MÉTIER

L'Agence Science-Presse, au Québec, en a fait son cheval de bataille. La campagne #100LaScience* a été lancée sur les réseaux sociaux au printemps 2016, avec l'objectif de sensibiliser à la pertinence et à l'importance du journalisme scientifique. Cent personnalités, tous horizons confondus, se sont exprimées sur le sujet, à travers une série d'illustrations créées pour l'occasion. Cette agence a lancé une campagne de financement participatif qui a permis, depuis l'été 2016, de lancer un détecteur de rumeurs sur Internet. Comme l'explique l'Agence dans son communiqué, les « journalistes scientifiques sont certainement les mieux outillés pour arriver à déboulonner ces fausses nouvelles : ils sont capables de vérifier les faits, de repérer une recherche fiable, de remettre en contexte une nouvelle scientifique montée en épingle et d'éviter les pièges qui leur sont tendus par les groupes d'intérêts ». En embauchant spécifiquement un journaliste scientifique, le détecteur de rumeurs, l'Agence Science-Presse se propose de lutter contre l'information scientifique douteuse.

Si au Québec le journalisme scientifique est dynamisé par ce type d'initiative, un tel mouvement n'est pas d'actualité en France. La communauté des journalistes scientifiques est plutôt en train de fondre, et la poignée qui reste encore embauchée dans des rédactions voit ses articles relayés au second plan. Les émissions scientifiques sérieuses à la radio et à la télévision se comptent sur les doigts d'une main. Un avenir sombre dans les médias « classiques » plutôt paradoxal quand on constate le décollage de chaînes scientifiques sur YouTube qui confirment l'intérêt, s'il en était besoin, du public pour les sciences.

Une agence de presse uniquement dédiée aux sciences ? Oui, ça existe au Canada depuis 1978... Son équipe de journalistes scientifiques décortique les actualités pour les mettre à disposition des médias (entre autres), garantissant au passage son expertise et offrant une analyse approfondie des sujets touchant aux sciences. Aujourd'hui, c'est toute la communauté francophone que l'Agence irrigue à travers le monde. Nombreux blogs, articles et dossiers sont mis à disposition, relayés par une présence dynamique sur les réseaux sociaux et aussi sur le terrain, quand il le faut. Fin 2014, quand un groupe climatosceptique a financé une campagne d'affichage en bordure des autoroutes québécoises, expliquant que seul le Soleil était la cause du réchauffement climatique, l'Agence Science-Presse s'est mobilisée aux côtés de l'Association des communicateurs scientifiques du Québec pour faire réagir la communauté scientifique, les médias et la population. À l'heure des marchands de doutes, l'Agence Science-Presse compte parmi ceux qu'on peut suivre les yeux fermés.

http://www.sciencepresse.qc.ca/ @SciencePresse
Campagne #100LaScience : http://www.sciencepresse.qc.ca/actualite/2016/04/14/100lascience.

MÉDIAS ET INSTITUTIONS DE RECHERCHE

Dotés de directions de la communication et de services de relation presse, les organismes de recherche et les universités ont compris qu'il était essentiel de maîtriser au maximum la communication vers les médias. Si les attachés de presse servent d'intermédiaires, cela n'empêche pas des journalistes de contacter directement des chercheurs, ou l'inverse. Les institutions se lancent donc dans une démarche proactive, essayant de préparer au mieux leurs scientifiques à répondre aux questions des journalistes. Des séances de formation (ou *media-training*) sont proposées à la communauté scientifique, avec l'objectif affiché de mieux comprendre le monde des médias, mais surtout de s'entraîner à déjouer les pièges des interviews et de répondre clairement aux questions. On trouve sur le site web du CNRS* une série de conseils et de fiches pratiques destinés à ceux qui vont être interviewés. Pour ceux qui ne le savaient pas encore, on y apprend que « dans la plupart des cas, le journaliste ne vous laissera pas relire son article. Il n'en a aucune obligation ». Et en gras, on rappelle au passage au chercheur — futur interviewé — qu'il ne doit pas « omettre de signaler son appartenance au CNRS ». Les directions de la communication des établissements d'enseignement supérieur et de recherche contrôlent scrupuleusement et décortiquent leur présence dans les médias. Cette démarche pose question si elle se concentre davantage sur l'image de marque de l'établissement que sur le contenu scientifique

Une belle réalisation de magazine jeunesse intitulé *Soucoupe volante*, édité par le Centre de sciences La Rotonde. © Centre de sciences La Rotonde, École des mines de Saint-Étienne.

produit en son sein. Que penser lorsque les universités ou les organismes de recherche mettent en place leurs propres publications destinées à l'interne, mais surtout aux partenaires et parfois même au grand public ? On citera par exemple le magazine *Science et Santé* publié par l'Inserm, *Campus Junior*, que l'université de Genève édite pour le jeune public, ou encore *Soucoupe volante*, réalisée par le Centre de sciences La Rotonde. Le lecteur trouvera-t-il la même objectivité dans une revue indépendante que dans un magazine publié par une université ou un organisme de recherche ? Les sujets scientifiques d'actualité sont-ils abordés avec la même perspective ? L'approche institutionnelle n'est bien sûr pas incompatible avec la valorisation des activités de recherche dans les médias : les publications des organismes en question sont, bien entendu, pertinentes et toujours d'une grande qualité. Gardons juste en tête que le mode de rédaction n'est pas le même (on parle de rédacteurs et pas de journalistes) et que les objectifs de la publication diffèrent de ceux d'un magazine indépendant.

LES CHERCHEURS FACE AUX MÉDIAS

Les chercheurs qui communiquent directement avec ou dans les médias sont nombreux, et tant mieux. Certains tiennent même des chroniques régulières dans des médias généralistes ou scientifiques. C'est le cas par exemple de Gérald Bronner, qui nous invite chaque mois à visiter son « cabinet de curiosités sociologiques » dans le magazine *Pour la science*. Jean-Claude Ameisen, médecin et chercheur, propose une émission hebdomadaire sur France Inter, intitulée *Sur les épaules de Darwin*. On pourrait également citer Étienne Klein, friand de chroniques scientifico-philosophiques sur les ondes. Ces interventions dans les médias nationaux à forte audience sont réservées à des scientifiques renommés, qui interviennent en leur nom propre et plus nécessairement en celui de l'institution qui les emploie.

Les chercheurs « anonymes » sont également régulièrement présents dans les colonnes des journaux ou sur les ondes, y compris dans des éditions locales ou régionales. Sollicités en tant qu'experts, ils viennent répondre aux questions liées à l'actualité en apportant leur regard de spécialiste sur une thématique. Parfois, eux-mêmes sollicitent directement les journalistes, souhaitant proposer un sujet pour médiatiser leur recherche, sans passer par la case « institution ». Volonté de faire connaître les sciences ou penchant pour la célébrité ? La tentation est grande pour certains chercheurs prêts à tout pour se faire connaître. « Pour votre notoriété, oubliez les revues, préférez les médias », conseille le journal *Le Temps*, en Suisse, qui s'interroge en septembre 2015 sur les motivations des chercheurs qui communiquent massivement vers les journalistes (Dessibourg, 2015). En effet, soumis à une pression budgétaire incessante, certains scientifiques peuvent voir dans les médias un moyen détourné de faire parler d'eux, leur donnant, espèrent-ils, plus de chances de bénéficier de financements pour leurs recherches. Au grand risque de sauter une étape et de passer au travers du traditionnel — mais néanmoins indispensable — *reviewing* par les pairs, qui reste la validation scientifique par excellence, celle qui juge de la pertinence des résultats et élimine le plagiat et la fraude, par exemple. Ces cas extrêmes ne sont pas une généralité, heureusement, mais incitent toutefois à garder un œil attentif sur des révolutions scientifiques annoncées un peu vite par des chercheurs en mal de reconnaissance médiatique.

Pour les scientifiques qui souhaitent s'exprimer sans intermédiaire, il existe des médias en ligne dans lesquels les auteurs d'articles ne sont autres que… les chercheurs. Ainsi fonctionne par exemple *The Conversation*[12], lancée fin 2015 en France, qui donne directement la parole aux chercheurs pour analyser l'actualité. Son rédacteur en chef, Didier Pourquery, ancien de *Libération* et du *Monde*, expliquait lors d'une formation de doctorants que « les articles de *The Conversation* sont le résultat d'une collaboration fructueuse journaliste/chercheur, le scientifique ayant toujours le dernier mot »[13]. Peu classique pour le monde des médias, mais tellement rassurant pour les auteurs ! Un site sans but lucratif, qui encourage les republications dans les médias « traditionnels » en mettant les articles à disposition gratuitement.

Enfin, pour les chercheurs qui souhaiteraient mieux connaître le monde des médias en s'y plongeant de façon concrète, signalons l'initiative intéressante de l'Association des journalistes scientifiques de la presse d'information (AJSPI*), qui organise en France depuis plus d'une dizaine d'années des bourses d'échange entre chercheurs et journalistes. Une semaine d'intégration dans une rédaction pour un chercheur, et une autre d'immersion dans un laboratoire pour un journaliste. De quoi briser les malentendus et les idées reçues ! Ça vous tente ? Les candidatures sont à déposer chaque année au printemps sur le site web de l'association.

Rapidité, format court et séduisant : la science dans les médias doit s'adapter aux règles des médias. Ce format dans l'air du temps se retrouve aussi sur les réseaux sociaux et les blogs, sur lesquels les initiatives se sont multipliées ces dernières années.

---

12. *The Conversation* a été lancée en Australie et a rejoint la France en 2015. Une équipe de journalistes accompagne des universitaires qui s'expriment sur des sujets d'actualité (https://theconversation.com/fr).

13. Intervention en juin 2016 à Nancy, au cours d'une formation doctorale « Sciences et médias ».

TRENTE ANS DE PARCOURS SCIENTIFIQUE ET IL A FALLU QU'ILS INVENTENT CETTE @://*#!!!
J'Y COMPRENDS RIEN !
Livetweet
Hashtag
Live
Follower

CHAPITRE 8

« JE SUIS NUL SUR TWITTER ET FACEBOOK »

Les réseaux sociaux transforment-ils les sciences et la médiation scientifique autant qu'ils bouleversent notre façon de communiquer au quotidien ? Alors que leur utilisation a démarré de manière modeste dans les milieux de la recherche, ces outils instantanés ont finalement trouvé leur place dans les laboratoires et au cœur de la vie des chercheurs. Certains réseaux spécialisés sont même consacrés entièrement au monde scientifique. Vous ne connaissiez pas ? C'est le moment d'y jeter un œil.

RÉSEAUX SOCIAUX ET SCIENCES : LA VIE DES LABOS EN DIRECT

Que ce soit pour suivre l'actualité, partager des photos de vacances ou se détendre en regardant des vidéos humoristiques, on a souvent un œil sur les réseaux sociaux, qui ont d'ailleurs tendance à nous rendre accrocs. La science n'y échappe pas : de nombreux chercheurs se sont emparés de ces outils pour partager leur quotidien, évoquer les difficultés rencontrées au cours d'une expérience ou raconter des anecdotes croustillantes sur la vie académique. Twitter, Facebook ou LinkedIn sont les outils parfaits pour les scientifiques avides de partage. Certains ont d'ailleurs trouvé un public plutôt nombreux, comme ces véritables stars des réseaux dont les nombres de followers rendraient jalouses certaines célébrités. Ainsi, l'astrophysicien américain Neil deGrasse Tyson (@neiltyson) compte plus de 8 millions d'abonnés sur Twitter ; largement devant le physicien anglais Brian Cox (@profBrianCox), qui n'a « que » 2,5 millions de fans. En France, les scientifiques les plus célèbres, brillants vulgarisateurs, que sont Cédric Villani ou Étienne Klein arrivent à peine sur Twitter, même si Étienne Klein est largement visible en vidéo sur YouTube, avec plusieurs dizaines de milliers de vues pour ses conférences[14]. Parmi nos célébrités, Michel Cymes, médecin et chroniqueur sur France Télévisions, a attiré un peu plus de 230 000 abonnés mais il a récemment quitté Twitter. Soulignons la percée récente mais remarquée de l'astronaute Thomas Pesquet, qui aura partagé avec des millions d'abonnés son aventure spatiale à l'aide de photos magnifiques et d'anecdotes croustillantes sur la vie en apesanteur, sur Facebook et Twitter notamment. Malgré le succès de notre astronaute national, force est de constater que les scientifiques francophones n'ont qu'une présence limitée sur les réseaux sociaux, si l'on s'en tient aux chiffres.

Si les chercheurs francophones semblent avoir du mal à se faire un nom (ce n'est pas forcément si grave), on notera la redoutable avancée de comptes et de chaînes à vocation scientifique comme la galaxie de Florence Porcel et sa Folle histoire de l'univers, ou encore DirtyBiology, qui remporte un grand succès sur Youtube. Ce style

---

14. Par exemple, cette vidéo de « L'univers a-t-il jamais commencé ? », conférence enregistrée le 5 juin 2015 à Nancy : https://www.youtube.com/watch?v=Yulp_MlI7nw.

simple et humoristique séduit largement un public jeune et amateur de formats nouveaux, un tant soit peu décalés par rapport à l'image traditionnelle du cours de science. Bien souvent, les réseaux sociaux sont des rampes de lancement pour ces jeunes vulgarisateurs qui déclinent leur talent en conférences ou en livres.

« Salut, comment tu vas ? » C'est ainsi que débute par téléphone, dans un cadre soudain très détendu, mon interview de Léo Grasset. Pas de prise de tête pour cette figure montante de la vulgarisation sur YouTube.

Peux-tu nous en dire plus sur ton parcours et les débuts de DirtyBiology ?

J'ai fait des études de biologie évolutive et d'écologie à Montpellier, en master orienté recherche car j'avais prévu de faire une thèse en écologie. J'ai donc fait une année de recherche sous la forme d'un stage de un an, dans le cadre d'un diplôme universitaire, ce qui m'a donné l'occasion de partir au Québec et au Zimbabwe. Pour préparer mon projet de thèse, je suis aussi parti en Thaïlande du Nord, et comme ma bourse doctorale tardait à venir, j'ai décidé de me lancer dans des vidéos. Ça a marché bien plus vite que je l'imaginais. J'ai commencé en juin 2014 avec la sortie de ma première vidéo qui a cartonné. Très vite, j'ai eu plein d'abonnés et j'ai pu gagner de l'argent grâce à ma chaîne YouTube, et comme ma thèse n'avait finalement pas commencé, j'ai décidé de lâcher mon travail de recherche pour faire des vidéos mon activité principale. Aucun regret d'avoir lâché ma thèse, j'aurai de toute façon l'occasion de faire une vidéo sur mon sujet. L'impact de la santé des écosystèmes sur la santé humaine, c'est un sujet vendeur !

Comment est-ce que tu expliques ton succès ?

Coup de chance, opportunité... c'est certainement un peu tout à la fois ! J'ai eu de la chance, à mon lancement, d'avoir eu un coup de main de chaînes « amies » qui ont fait connaître DirtyBiology : quand e-penser, Axolot, et surtout @MrAntoineDaniel ont partagé l'info, j'ai gagné d'un coup plus de 20 000 abonnés ! Mais le partage ne fait pas tout. Je pense que mon style décalé, le personnage que je joue, ma façon de parler, de présenter le sujet, m'ont permis de conquérir le public. J'aborde les sujets chiants à travers des anecdotes qui ne le sont pas, c'est une manière détournée pour surprendre. Il y a aussi d'autres chaînes pourtant sympas qui ne décollent pas, et on n'arrive pas forcément à comprendre pourquoi...

Est-ce que tu connais le profil type de tes spectateurs ?

YouTube permet d'avoir accès à des statistiques assez précises : mon audience a plutôt entre 20 et 30 ans, mais il y a aussi pas mal de 15-18 ans. J'attire un peu plus de garçons, mais je suis content d'attirer beaucoup de filles, car c'est généralement moins le cas pour les chaînes équivalentes. C'est peut-être parce que je parle de pénis ! (blague de beauf...) Il y a beaucoup d'étudiants en sciences, des lycéens... Mais aussi des chercheurs, dont des profs de fac qui utilisent mes vidéos dans leurs cours... Ce sont les étudiants qui me le disent, pas les profs !

Les contenus de tes vidéos sont-ils validés ?

Il existe un groupe sur Facebook qui permet de bénéficier du *peer rewieving* pour les projets comme le mien. Certains ne veulent pas faire relire leur script, car c'est toujours délicat de faire tout relire. On reçoit des quantités énormes de commentaires, on se lance dans des discussions infinies, du chipotage sur des détails... ce qui n'aide pas forcément, même si certains commentaires sont vraiment utiles. Il faut réussir à aller de l'avant et à ne pas se laisser bloquer sinon les vidéos ne sortent jamais ! Pour mes vidéos, j'ai un réseau d'amis proches, dont plusieurs scientifiques, qui font de la relecture et je leur soumets systématiquement chaque projet. Ça m'aide beaucoup et je compte sur leurs remarques constructives.

Si tu devais définir ton métier, aujourd'hui ?

Vulgarisateur scientifique, vidéaste, mais pas seulement. J'écris aussi des livres, j'ai des projets de bande dessinée. Mon métier, c'est d'enrober l'information scientifique, de raconter au mieux une histoire scientifique... L'essentiel du travail, ce n'est pas la science elle-même mais la façon dont on veut faire passer le message. Son, image, montage, c'est moi qui fais tout donc je suis aussi réalisateur. Un de mes amis fait une partie de la musique et des animations 2D. Je gère aussi tout ce qui vient après la publication des vidéos : *community management*, relations avec médias, et les trucs moins drôles qui concernent l'administratif, la gestion des droits et des contrats... Un métier multifacette qui m'occupe largement à plein temps !

Et la suite, tu l'imagines comment ?

J'aime bien l'idée de vivre au jour le jour, mais ce n'est pas vraiment le cas. J'ai pas mal de projets prévus pour l'année à venir : un documentaire avec la chaîne Arte, un autre projet personnel de documentaire, une BD et un livre... Ce ne sont pas des portes de sortie, c'est juste parce que j'ai envie d'essayer plein de trucs. C'est toujours bon d'avoir des projets !

La chaîne YouTube DirtyBiology :
https://www.youtube.com/user/dirtybiology/videos @dirtybiology

D'autres initiatives proposent de suivre à chaud l'activité des laboratoires avec un « live-tweet » : En direct du labo (@EnDirect-DuLabo), suivi par près de 7 000 personnes sur Twitter, laisse la main chaque semaine à un chercheur qui raconte ses activités quasiment heure par heure. Le live-tweet est également devenu un outil pris en main par les institutions scientifiques comme le Centre national d'études spatiales (CNES), qui organise chaque mois le #CNEStweetup sur des thématiques différentes : des sortes de cafés scientifiques virtuels sur Twitter où les échanges n'ont plus de limites dans l'espace (sans jeu de mots !). Des centaines d'internautes férus d'astronomie peuvent suivre ces conversations et, bien entendu, poser leurs questions.

Effet de mode ou outil de médiation scientifique ? Tous les chercheurs ne partagent peut-être pas leurs actualités en gazouillant, mais rien ne les empêche de s'abonner à des comptes particulièrement actifs pour suivre les domaines qui les intéressent. Les réseaux sociaux constituent aussi une précieuse ressource pour faire de la veille scientifique.

LES RÉSEAUX SOCIAUX COMME OUTILS DE RECHERCHE

Et si les réseaux sociaux changeaient jusqu'à la façon de faire de la recherche ? L'opportunité d'effectuer une veille scientifique est déjà une première révolution, mais ce n'est pas la seule. La mise en réseaux de chercheurs du monde entier est également largement facilitée par les réseaux sociaux. Les échanges directs avec les collègues chercheurs, rapides et facilement ciblés, n'attendent plus le prochain colloque au bout du monde. La recherche scientifique, dont l'avancée est une œuvre collective, est particulièrement adaptée à ces outils.

Et fort logiquement, des réseaux sociaux propres à la recherche se sont développés depuis plusieurs années : communautés spécifiques sur le réseau professionnel LinkedIn, mais également sites spécialisés dans le partage d'informations scientifiques et les réseaux de chercheurs, comme MyScienceWork* ou ResearchGate*, qui affichent clairement leur ambition : mettre en relation les scientifiques en leur proposant d'accroître leur visibilité. Alors que les utilisateurs sont vivement encouragés à publier des actualités liées à leur recherche (et notamment des publications en libre accès), des statistiques sont communiquées chaque semaine, synthétisant le nombre de vues du profil et les citations desdites publications. À l'ère de la communication numérique, être présent sur ces réseaux semble offrir une vitrine indispensable à qui veut percer dans le milieu. Le chercheur italien Giovanni Bonaiuti, de l'université de Cagliari, explique qu'« alors que la qualité de la recherche est importante, les scientifiques ont besoin de se construire un réseau de contacts nationaux et internationaux avec leurs pairs, pour accroître leur visibilité, leur réputation et leur rang académique. [...] Ceci relève d'une stratégie et d'un choix nécessaires » (Bonaiuti, 2015). C'est aussi ce que soulève l'enquête réalisée en mars 2016 par Bertrand Mocquet, enseignant-chercheur et vice-président chargé du numérique à l'université de Perpignan, auteur d'une analyse des pratiques de Twitter dans l'enseignement supérieur français. Les utilisateurs réguliers de Twitter ont pour principaux objectifs, explique-t-il, d'« informer la communauté externe à l'université, de provoquer des échanges avec leur communauté, et enfin de valoriser leur travail » (Mocquet, 2016).

Les réseaux sociaux peuvent même devenir des supports pour la recherche scientifique. Évidemment, il y a ceux qui s'y intéressent dans le cadre de leur activité car ils analysent les réseaux sociaux comme objets de recherche (on vient d'en citer un exemple), mais d'autres initiatives utilisent les réseaux comme terrain de recherches. Ainsi, des universitaires ont récemment surveillé l'étendue de la grippe sur Twitter : les observations fines quasiment faites en direct ont même permis de construire des modèles prédictifs visant à mieux contrôler l'épidémie (Chen *et al.*, 2015). Support de recherches sociologiques multiples et variées, Twitter offre l'avantage de permettre une collecte d'informations instantanée, quasi infinie, enrichie de repères géographiques. Les linguistes scrutent l'outil et le langage spécifique susceptible de s'y développer à travers la contrainte des 140 caractères. Les météorologues y voient une opportunité de faire de Twitter un lanceur d'alerte en cas de catastrophe naturelle.

Vous souhaitez vous lancer sur Twitter ? Que ce soit pour s'abonner et suivre des actualités ou pour partager vos recherches, la fiche pratique #1 en fin d'ouvrage vous donnera quelques conseils.

EXPRESSION LIBRE POUR LA SCIENCE : LES BLOGS

Moins instantanés, moins éphémères que Twitter, les blogs continuent leur percée dans le monde des sciences. À la portée de n'importe quel internaute, le format semble particulièrement adapté à tous ceux qui souhaitent partager des informations sur des sujets scientifiques, exprimer leur opinion, susciter un échange avec d'autres internautes, dans un format qui laisse de la place pour s'exprimer. Les nombreuses études sur les blogs de sciences, leurs auteurs, leurs lecteurs et leur contenu, montrent qu'ils sont souvent l'œuvre d'amateurs éclairés qui souhaitent avant tout partager leur passion pour la science et que leurs lecteurs sont souvent issus des milieux scientifiques — ce qui n'était pas forcément leur cible initiale. Antoine Blanchard, lui-même blogueur depuis 2006 sous le pseudonyme d'Enro (ou @Enroweb sur Twitter), s'est intéressé à l'histoire des blogs scientifiques français depuis 2003. Il constate que « le profil et la profession des blogueurs sont diversifiés : chercheurs en activité ou en formation (doctorants, étudiants en master), réalisateur de films documentaires, ingénieurs en poste dans le secteur privé, journalistes, directeur de centre de sciences » (Blanchard, 2016). Quant à Paige Brown Jarreau, spécialiste de l'étude des blogs scientifiques à la Louisiana State University College of Science, elle a étudié de manière détaillée le profil des lecteurs dans son article paru… sur son blog : ceux qui passent par là pour se divertir, ceux qui cherchent une info précise, et les habitués (Jarreau et Porter, 2017). Un public large, que les réseaux sociaux et les blogs permettent de sensibiliser par petites touches. Une façon aussi pour les scientifiques de se familiariser avec l'écriture accessible, de prendre du recul sur leurs pratiques et de s'ouvrir sur l'interdisciplinarité.

Quelques blogs de sciences sont à découvrir sur *Café des sciences*, la communauté de blogs de sciences en français. De la paléontologie à l'anthropologie en passant par les sciences sociales et la politique, un panorama de près de cinquante blogs en tout genre, tous labellisés.

http://www.cafe-sciences.org/

Le magazine *Pour la science* propose aussi une communauté de blogs de science dont les auteurs sont certifiés chercheurs ou acteurs du monde des sciences. Ici, l'histoire des mammifères et la physique des objets du quotidien cohabitent en toute quiétude.

http://www.scilogs.fr/vivelaconnaissance/

Beaucoup moins sérieux, mais parce qu'il faut bien en rire, le blog PhDelirium qui illustre avec justesse le quotidien parfois épique des doctorants. Depuis leur relation complexe avec le directeur de thèse jusqu'aux longues journées d'écriture, il y a quelques moments clés qu'une note d'humour permet sans doute d'appréhender avec plus de légèreté.

http://www.phdelirium.com/

LE NUMÉRIQUE, UN ENJEU POUR LA CULTURE SCIENTIFIQUE ?

S'il y a bien eu un bouleversement de nos habitudes quotidiennes, c'est à cause du numérique (ou grâce à lui), y compris dans le domaine de la médiation des sciences. On n'évoque pas ici la médiation *en sciences du numérique*, qui fait l'objet d'un programme intense de sensibilisation à la programmation et à l'apprentissage du codage[15]. On évoque ici les objets informatiques, outils virtuels et écrans tactiles qui ont par exemple envahi les musées et autres expositions, apportant un regard complémentaire et une interaction augmentée avec les visiteurs. Comme nous l'avons vu plus haut, la culture scientifique s'est également approprié les réseaux à tel point que le numérique est devenu indispensable à la mobilisation de nouveaux publics. Dans son rapport remis à la ministre Geneviève Fioraso en 2014, Laurent Chicoineau (@LaurentChic), directeur de La Casemate à Grenoble, se propose de « partager les cultures scientifique, technique et industrielle à l'ère numérique » (Chicoineau, 2016). Son état des lieux est sans appel : les activités de culture scientifique ont été transformées par le numérique. Les nombreux exemples cités dans le rapport démontrent la pertinence de l'utilisation d'outils numériques pour donner un souffle nouveau aux expositions et pour démultiplier l'impact en imaginant des solutions mobiles et augmentées allant au plus près des utilisateurs. Réseaux sociaux, MOOC et autres blogs contribuent sans nul doute à faciliter l'accès à l'information et à dynamiser les échanges entre communauté scientifique et grand public. Un foisonnement d'initiatives qui continue à se développer en laissant entrevoir de nouvelles opportunités de collaborations entre acteurs qui trouvent dans le numérique un terrain fertile pour avancer ensemble.

Si la culture numérique semble s'imposer petit à petit, Laurent Chicoineau préconise une réflexion plus poussée des acteurs sur les enjeux et les outils afin de « mieux comprendre et maîtriser la

---

15. De nombreuses initiatives sont proposées notamment par l'Inria, Institut national de recherche dédié au numérique, ainsi que par la Société informatique de France, pour contribuer à lutter contre la fracture numérique : des « coding goûters » ou des stages de programmation sont proposés dès le plus jeune âge. À découvrir sur https://pixees.fr/.

culture numérique ». Un pas reste à franchir pour recourir plus systématiquement aux formats ouverts et libres d'accès, tout en accompagnant les institutions aux changements en cours. Nouveaux médias aux potentialités énormes mais parfois encore floues, les outils numériques font désormais partie intégrante des activités de médiation. Plus qu'un enjeu, c'est une véritable révolution qui nécessite d'être attentif, opportuniste et créatif, mais aussi critique et responsable.

C'EST DÉJÀ PAS SIMPLE D'EN ÉCRIRE LE SUJET EN DEUX LIGNES...

CHAPITRE 9

« ON NE PEUT PAS PARLER DE SA THÈSE EN 3 MINUTES, SÛREMENT PAS »

Voilà un projet qui a le mérite de faire débat dans la communauté scientifique. « Ma thèse en 180 secondes », MT180 pour les habitués, est un concours international arrivé en France en 2013 qui propose aux doctorants de présenter en 3 minutes, face au public, leurs travaux de recherche. Concept simplissime en apparence, mais préparation nécessaire pour aboutir à un résultat accessible, agréable à écouter et à regarder. Formation à la vulgarisation pour les uns, show scientifique pour les autres… Alors, quelle image ce concours donne-t-il de la recherche ? Est-ce bénéfique pour les doctorants ou est-ce uniquement un pur produit de communication ?

SHOW DEVANT !

Je vous l'accorde, il y a des côtés négatifs au projet MT180 : si un institut ou une université l'organise pour faire sa publicité, ce n'est pas très glorieux. Si l'on instrumentalise des doctorants doués pour les exhiber dans les médias tels des singes savants, c'est peu judicieux. Certains organisateurs du concours sont probablement tombés — de manière involontaire — dans ces travers, ce qui est dommage, car cela apporte de l'eau au moulin de ceux qui regardent le projet d'un œil dubitatif.

En jugeant un peu vite, on pourrait croire que les doctorants qui se prêtent au jeu se sont engouffrés dans les méandres de la « télé-réalité scientifique ». Le journaliste Guy Birenbaum, du *Huffington Post*, écrit en 2013 ce que beaucoup pensent tout bas, qualifiant le concours de « défi totalement cosmétique et artificiel, [qui] apparaît comme une ineptie cumulant les trois faillites de notre époque : la vitesse, le vernis et la communication ». Nombreux sont les membres de la communauté scientifique qui pensent la même chose, même si le message est rarement assumé ouvertement. Si ces détracteurs se prêtaient au jeu de cet exercice ô combien plus compliqué qu'ils ne l'imaginent, ils se rendraient compte de la difficulté, mais également de l'intérêt de restituer efficacement un message en 3 minutes, chrono en main. Se lancer dans ce projet représente, pour les candidats, une vraie prise de risque qui nécessite une grande ouverture d'esprit et une capacité de synthèse hors du commun : l'entraînement des doctorants-candidats leur sera bénéfique à de nombreuses occasions, en commençant par leur soutenance à venir ou leur prochain entretien d'embauche…

Le concours Ma thèse en 180 secondes pourrait être résumé en trois mots : ouverture, rencontre, partage. Avant tout, c'est une excellente occasion pour les doctorants d'être formés à la médiation scientifique : c'est même la raison d'être du projet MT180. Peu importe le concours, les sélections, la finale sous les projecteurs ! Plusieurs centaines de doctorants se lancent dans l'exercice chaque année, en étant accompagnés par des formateurs professionnels.

Une préparation qui se concentre autant sur le contenu (apprendre à préparer un message court mais efficace, structuré, accessible, percutant…) que sur la forme (soigner la manière de présenter, les gestes, l'articulation, la voix…). Des médiateurs scientifiques et des professionnels du théâtre viennent en appui pour accompagner les doctorants durant des sessions de quelques heures, parfois plusieurs jours. Un accompagnement nécessaire pour ne pas tomber dans les travers de ce type de présentation, qui risque d'être superficielle en se limitant au contexte de la recherche, si l'on n'invite pas le doctorant à entrer de manière précise dans le contenu scientifique de sa démarche de recherche. Craignant de ne pas se faire comprendre s'ils donnent trop de détails, les candidats utilisent parfois beaucoup moins de temps que les 3 minutes réglementaires ! Avec quelques séances de travail, le concours MT180 permet de préparer une présentation cohérente et attractive, au contenu scientifique précis mais accessible, du sujet de recherche spécifique à chaque doctorant.

De nombreux témoignages de doctorants confirment que derrière MT180 se cachent les clés pour mieux communiquer. Une expérience précieuse pour ces futurs chercheurs qui n'ont pas si souvent l'occasion de prendre du recul sur leurs travaux de recherche et d'apprendre à s'exprimer de manière intelligible et compréhensible par tous. Parfois légèrement à l'abandon du côté de leur encadrement, certains doctorants sont ravis d'avoir un regard extérieur enrichissant sur leur travail au quotidien. Constat sévère, s'il en est, mais tellement réaliste !

L'UNIVERSITÉ EST AUSSI UN LIEU DE RENCONTRES

MT180 est également un moment de rencontre entre doctorants : les occasions de discuter en dehors du laboratoire ne sont pas si fréquentes pour les jeunes chercheurs. La complicité et la cohésion

Sans préparation, chrono en main, filmez-vous en présentant votre démarche de recherche. Pas facile !

qui naissent au sein des groupes de candidats sont une conséquence totalement imprévue d'un concours que l'on croirait orienté uniquement vers la mise en valeur de talents individuels. Cette solidarité se met en place au cours des formations, lors des moments « off » ou lors des échanges avec le public. Après les finales du concours, on a pu observer des doctorants organisant spontanément des visites entre eux dans leurs laboratoires. Des opportunités, des discussions, des idées… au bénéfice de la recherche !

MT180 est aussi un moment de rencontre entre de jeunes scientifiques dynamiques et un public. Au cours des finales, dans les amphis, les salles de spectacle et sur les réseaux sociaux, des milliers de personnes découvrent une vitrine de la recherche en train de se faire dans nos laboratoires. À l'occasion d'autres événements (rentrée universitaire, Nuit européenne des chercheurs, expositions, Fête de la science…), les doctorants qui se sont prêtés à l'exercice de MT180 sont souvent partants pour d'autres expériences de partage et d'échange avec le public. Les produits dérivés de MT180 contribuent à valoriser sur un plus long terme les doctorants et leurs recherches : c'est le cas par exemple de la bande dessinée réalisée avec les finalistes 2016 et 2017 de l'université de Lorraine, qui illustre également la volonté de placer les doctorants au cœur de l'action de médiation scientifique, tout en sensibilisant un nouveau public dans la durée.

Si MT180 a fait un bon bout de chemin en s'imposant dans de nombreuses universités francophones, d'autres versions sont apparues sur les réseaux. Si vous êtes doctorant et disposez d'un talent caché, c'est le moment de combiner science et arts pour faire connaître vos recherches ! Parmi les déclinaisons, #DrawYourPhD incite à dessiner sa recherche en format carte postale, tandis que Dance Your PhD*, soutenu par le très sérieux magazine américain *Science*, incite à l'expression corporelle pour raconter sa thèse. Si certains estiment que ça va un peu loin, rien ne les oblige à se lancer ou même à regarder. Pour les autres, les images sont sur le site officiel et sur YouTube.

« FameLab est présent sur tous les continents sauf l'Antarctique, mais on y travaille ! », explique Laura Owen, chargée de projets au British Council à Paris, qui organise le concours FameLab en France. Avec une trentaine de pays impliqués dans l'organisation du projet, ce sont plus de 7 000 scientifiques qui se sont lancés dans l'aventure depuis dix ans.

Mais FameLab se revendique bien plus qu'un concours dans
le domaine des STEM (*science, technology, engineering and maths*) :
si les candidats participent systématiquement à une *master class* visant
à les former à mieux communiquer, c'est aussi pour développer un réseau
FameLab multidisciplinaire et international, une vraie valeur ajoutée pour
ce projet.

Vient l'heure des finales régionales, nationales et internationales. Avec leurs
seuls accessoires et beaucoup de talent, les chercheurs, étudiants ou
ingénieurs présentent de manière enthousiasmante un sujet en 3 minutes,
sur scène, face au grand public. Laura Owen confirme que FameLab est
« un levier pour continuer dans la communication des sciences, comme
l'illustre Eduardo de Cabezón, ce jeune espagnol cofondateur du groupe
TheBigVanTheory ». Passé par la finale FameLab en Espagne en 2013,
ce mathématicien à l'esprit partageur a fait du théâtre scientifique son
métier. Il donne désormais régulièrement des conférences TED dans
le monde entier.

http://www.britishcouncil.fr/famelab @FameLabFrance

VOUS AUSSI, VOUS POUVEZ LE FAIRE !

Si vous pratiquez les sciences au quotidien, dans vos études ou votre métier, vous pouvez donc être un véritable ambassadeur des sciences. Prêt à se lancer, oui, mais saurez-vous par où commencer et comment vous y prendre ? Vous sentez-vous à la hauteur, avez-vous l'expérience requise ? Rien d'évident, mais rassurez-vous : c'est accessible à tous, pourvu qu'on s'y prenne de la bonne manière et qu'on s'y prépare, en commençant par se poser quelques questions, tout en pensant au public à qui on s'adresse.

ET S'ILS SE RENDENT COMPTE QUE MOI-MÊME JE NE COMPRENDS PAS ENCORE TOUT ...

CHAPITRE 10

« JE SUIS INCAPABLE D'EXPLIQUER CE QUE JE FAIS, C'EST BIEN TROP COMPLIQUÉ ! »

Il est sans doute faux de penser que vulgariser un sujet scientifique ne dépend que du sujet dont il est question. On pourrait croire qu'en allant à l'essentiel, en expliquant quelques grandes étapes, le tour est joué. Grossière — et néanmoins fréquente — erreur dans ce raisonnement, qui oublie l'essentiel : la cible. Avant toute démarche de médiation, je vous invite à réfléchir à quels seront vos interlocuteurs, ceux qui écouteront votre prestation lors d'une conférence ou les lecteurs qui éplucheront attentivement votre article.

QUI EST LE FAMEUX « GRAND PUBLIC », AU FAIT ?

Pas facile de trouver une définition de « grand public » qui soit réellement significative. D'après le site du dictionnaire Larousse, ce terme désigne l'« ensemble des lecteurs, des spectateurs, des acheteurs, etc., sans qualification particulière, par opposition aux initiés, aux connaisseurs, à un public particulier défini ; en apposition, désigne un produit destiné au plus grand nombre : *Film grand public* ». En plus court et tout aussi vague, on peut lire sur le site Wearecom.fr « audience sans spécificité particulière, dispersée, diverse et étendue ». Ces définitions ne nous aident pas à comprendre à qui l'on s'adresse vraiment quand on fait de la médiation scientifique pour le grand public. L'erreur qui en découle est que, par facilité, on agit comme si ce public n'existait pas. Je vous suggère donc trois propositions qui pourraient vous aider à mieux cerner ceux que vous aurez face à vous.

Proposition n° 1 : essayez d'*en savoir plus* *sur vos interlocuteurs*

Tout simplement, si c'est possible, pourquoi ne leur poseriez-vous pas quelques questions ? Avant ou pendant un atelier ou une conférence, voilà une excellente façon d'avoir des précisions sur le profil de vos interlocuteurs. Sans aller jusqu'à un interrogatoire approfondi, une ou deux questions posées par vos soins auront le mérite d'entamer le dialogue en vous intéressant à votre public et à ses préoccupations. Ces éléments, combinés à tous ceux que vous récolterez en préparant votre intervention, vous permettront d'affiner la typologie de votre audience : âge moyen, genre, catégorie socioprofessionnelle, niveau global d'éducation, rapports aux sciences et aux technologies… Imaginez que vous prépariez une conférence sur la renouée du Japon, l'une des pires plantes envahissantes de la planète : vous admettrez qu'on ne s'adressera pas de la même façon à une classe de collégiens qu'à un groupe de jardiniers amateurs. Si vous êtes amené à intervenir dans les médias, mener une petite enquête pour connaître le profil type du lectorat ou des auditeurs du média qui vous invite ne vous prendra que quelques minutes et vous en apprendra beaucoup !

Une fois que vous avez mieux cerné votre groupe cible, essayez de comprendre pourquoi ces personnes auraient un intérêt à vous écouter. Quels sont les thèmes qui vont attirer leur attention ? Que pourraient-elles répondre à l'histoire que vous allez leur raconter ? Qu'est-ce qui les engagera à poser des questions, à prendre contact, voire même à collaborer par la suite ?

Proposition n° 2 : essayez de savoir *ce que le public sait de vous*

Quelle représentation le grand public a-t-il des chercheurs ? Bien souvent respectés ou admirés, les scientifiques bénéficient généralement d'une image plutôt positive dans l'esprit du public, même si la tendance semble s'inverser ces dernières années. Ainsi, l'un des derniers sondages sur les Français et la science confirme que la défiance envers les chercheurs augmente, en particulier dans les domaines qui peuvent être sujets à débat (nucléaire, etc.)[16]. C'est surtout une méconnaissance du monde de la recherche qui a été mise en évidence par différentes enquêtes : son fonctionnement reste un mystère pour la plupart des gens, et les chercheurs continuent à véhiculer une image inaccessible de spécialistes s'adressant uniquement aux spécialistes. Les noms de chercheurs reconnus scientifiquement (prix Nobel, médaille Fields ou équivalents) n'évoquent pas grand-chose à la plupart des adultes et des ados.

---

16. « Seulement 34 % des Français (– 14 points depuis 2011) ont confiance en les scientifiques pour dire la vérité sur les résultats et les conséquences de leurs travaux dans le domaine du réchauffement climatique, 28 % (– 7 points) dans le domaine de l'énergie nucléaire et 16 % dans le domaine des OGM (– 17 points) », selon le sondage Ipsos/Sopra Steria, *La Recherche* et *Le Monde* réalisé en mai 2016 (http://www.ipsos.fr/decrypter-societe/2016-05-24-sciences-participatives-qu-en-pensent-francais).

Demandez à votre entourage (famille, amis) le nom d'un scientifique connu encore vivant. Bien souvent, la liste n'est pas très longue.

Puisque vous aurez l'occasion d'échanger directement avec le public, profitez-en ! Interrogez-le sur le fonctionnement d'un laboratoire de recherche, le travail d'un chercheur. C'est le moment pour vous de partager, au-delà de la science pure et dure, quelques anecdotes croustillantes sur la vie d'un labo : de la discussion devant la machine à café aux rencontres effectuées lors d'un pot de thèse, en passant par le dernier exercice de sécurité incendie, il y a certainement mille choses à raconter qui témoigneront de quelques bonheurs, difficultés ou émotions du quotidien des hommes et des femmes qui font la recherche scientifique aujourd'hui.

Proposition n° 3 : essayez d'*impliquer le public* dans la présentation

Replacer la science au cœur de problématiques de la vie quotidienne ou d'actualités sociétales, interpeller le public à propos de son avis sur un sujet… autant de façons de créer des liens. Pour que la mayonnaise prenne, rien de tel que de créer quelques moments d'interactions avec vos auditeurs : c'est la meilleure façon de vous assurer qu'ils vous suivent et de maintenir leur curiosité éveillée tout au long de votre présentation ou de votre article. Partager sa recherche, ce n'est pas simplement transférer des connaissances, c'est aussi une bonne opportunité pour vous d'avoir un regard extérieur sur vos activités qui pourrait bien se révéler constructif pour avancer dans vos recherches. L'avis du public est donc important !

> Faites du public un allié, un acteur de votre conférence ou de votre animation, en lui posant une question dès l'introduction : « Qui parmi vous a peur de manger des OGM ? » Astuce : levez la main en même temps, vous leur indiquerez comment ils doivent répondre, et vous stimulerez la participation des personnes présentes.
>
> C'est également la meilleure façon d'être à l'écoute des préoccupations du public : vous pourrez faire référence aux résultats de ce « sondage » tout au long de votre intervention. Vous alimenterez votre argumentaire en rebondissant sur des anecdotes, des craintes, des remarques du public : une excellente manière de montrer qu'en tant que scientifique, vous êtes à l'écoute de la société qui vous entoure.

Quand vous êtes amené à réfléchir à une intervention de médiation scientifique, votre préparation devra tenir compte de ces paramètres : vous n'arrivez jamais en terrain conquis, car peu de gens connaissent réellement votre métier et encore moins le contenu de vos recherches ou de vos études, qui leur paraîtront tellement loin de leurs inquiétudes quotidiennes. Vous représentez également une institution — laboratoire, université — dont la signification dans la société n'est pas anodine. Au passage, évitez l'avalanche de sigles totalement insignifiants pour le commun des mortels.

LES INGRÉDIENTS D'UNE HISTOIRE RÉUSSIE

Vous seriez bien tenté de partager un peu plus votre passion pour votre sujet de recherche, mais les rares expériences que vous avez eues (lors du dernier repas en famille par exemple) n'ont pas été très fructueuses. Vous vous sentez incompris et démuni car, malgré vos efforts, personne ne semble comprendre ce que vous faites au quotidien. Est-ce que ça veut dire que vous ne serez jamais capable de parler de sciences à vos proches ou au grand public ? Certainement pas, mais l'exercice demande un peu de préparation et de patience. À l'écrit comme à l'oral, dans une conférence ou pour accompagner une visite d'exposition, intervenir face à un public non scientifique nécessite d'adapter votre discours. Il est souvent plus facile de construire et d'imaginer votre intervention comme une histoire à raconter au public. Sans infantiliser vos auditeurs ou vos lecteurs, proposer un fil conducteur leur permettra de vous suivre d'un bout à l'autre de votre intervention. Les meilleures histoires sont bien souvent les plus simples : pensez à la pomme de Newton ou au chat de Schrödinger. S'il n'y a pas de recette unique pour écrire ou raconter une histoire, voici cependant quelques astuces qui garantiront un impact plus fort auprès de votre public.

Attention toutefois à ne pas abuser des techniques et astuces énumérées ci-dessous. Si elles sont le quotidien des médiateurs scientifiques et des journalistes, prenez garde à ne pas tomber dans des travers et des excès qui risquent de conduire à une image simpliste et fascinante des sciences, plutôt loin de la réalité. Avoir pleinement conscience des dangers potentiels de la vulgarisation vous conduira à éviter certains pièges qui se dressent sur le chemin de la médiation scientifique (sur les dangers de la médiation scientifique, voir p. 152).

Imaginer un titre percutant

Soignez particulièrement le titre de votre intervention : c'est le premier contact entre le public et ce que vous avez à lui dire.

À l'écrit, c'est parfois la seule information qu'on lit sur une page. Pour une conférence, c'est un titre percutant, court et efficace, qui aura convaincu (ou non) le public de se déplacer.

L'ordre dans lequel vous présentez les informations doit être adapté : dans un article scientifique, qui suit votre raisonnement et votre démarche pas à pas, vous annoncez logiquement vos conclusions en toute fin de document. Quand on s'adresse au grand public, il convient d'imaginer que le lecteur ou l'auditeur n'aura pas la patience d'attendre la fin de la démonstration. C'est pourquoi il est souvent judicieux de placer un résultat en tout début d'intervention, ce qui attirera l'attention et incitera à vous écouter. C'est l'une des techniques utilisées par les journalistes dans la presse quotidienne ou dans les magazines. Si les jeux de mots ou les métaphores peuvent faire leur petit effet, des titres informatifs simples sont tout aussi efficaces. Voici quelques exemples de titres dont vous pourrez vous inspirer :

> *Comment Internet favorise le terrorisme ?*
> *Menace mondiale sur la santé publique*
> *La guerre des courants : un duel sous haute tension*
> *À quoi sert un laser ?*
> *Une météorite sur le banc des accusés*[17]

Gardons en tête que ces titres ne sont que des accroches qui remplissent un objectif évident : capter l'attention et inciter à lire ou écouter la suite. Forcément réducteurs, ils n'apportent qu'une information partielle qu'il convient de relativiser par la suite. En tant que médiateur scientifique ou chercheur, il me semble important d'attirer

---

17. Ces titres sont extraits des magazines *Science et Vie* et *La Recherche* de 2015 et 2016, sauf le dernier qui provient d'un article de Cécile Courtois, rédigé dans le cadre de son master de communication scientifique à Strasbourg, suite à une conférence en 2005. L'article complet est en ligne : http://master-cs.unistra.fr/spip.php?article612.

l'attention sur la puissance de l'outil et les dérives qui peuvent en découler, comme des interprétations abusives ou de fausses images de la réalité que le discours ou l'écrit viendront impérativement compléter. Ce « marketing de la science » n'a d'autre but que d'amener un moment d'échange qui va bien au-delà d'un titre. Si ces pratiques sont le quotidien des médiateurs scientifiques, il convient de les mettre en œuvre en connaissance de cause et avec déontologie, pour ne pas tomber dans l'excès, comme le souligne Richard Monvoisin dans sa thèse (2007) et ses travaux de recherche.

En feuilletant régulièrement des magazines scientifiques pour le grand public, vous pouvez vous amuser à éplucher uniquement les titres des articles et des dossiers : vous détecterez rapidement les astuces utilisées par les journalistes pour attirer votre regard de lecteur et vous amener à lire la suite.

Un soupçon de fascination

Sans entrer systématiquement dans le sensationnel, il est toujours bénéfique d'amener le public à rêver… Si les sujets autour des exoplanètes ou des dinosaures fascinent naturellement, vous pouvez imaginer, vous aussi, emmener vos interlocuteurs au cœur de nos cellules cardiaques ou au fond d'un océan pour découvrir ces plantes et animaux qui vivent dans des conditions extrêmes. Les sujets scientifiques ne sont finalement que des enquêtes dont, vous, les principaux héros, tirez les ficelles !

> *Quel est **le mystère de cette plante** capable d'extraire des métaux du sol ? Direction le laboratoire, pour lancer les investigations ! Je vous invite à **un voyage dans un disque dur**, à l'échelle des atomes qui composent le cerveau de nos ordinateurs.*

Une mise en garde s'impose également ici : à lire ces exemples, on peut croire que la médiation scientifique prône l'emploi du mot « mystère » à chaque phrase, ce qui est faux. Réduire la recherche scientifique à une enquête en vue de fasciner le public n'est qu'une technique d'approche et de maintien de l'attention qui n'exclut pas l'emploi d'un registre bien plus sérieux et moins connoté par la suite.

Une dose d'émotion

Si la communication entre scientifiques se base sur des faits, elle est plutôt neutre, et seuls des arguments scientifiques peuvent convaincre. Pour le grand public, cela ne suffit pas : l'émotion joue un rôle fondamental pour faire passer un message. En touchant la corde sensible de vos auditeurs et lecteurs, vous les amènerez à jeter un regard plus « humain » sur vos recherches.

> *En Colombie, sur l'ancienne exploitation de cuivre à laquelle je m'intéresse, **des centaines de familles vivent à proximité du site minier** : elles consomment tous les jours des cultures plantées dans des zones contaminées.*

C'est également l'occasion de créer un lien direct avec les préoccupations quotidiennes de vos interlocuteurs. Une référence à l'actualité récente, à un problème régional ou local, fera toujours mouche.

*Ce problème est complètement transposable en France. **Pensez à l'eau de votre robinet** : elle est captée dans un réseau souterrain ou dans la rivière à proximité. Des milliers de mines ont permis d'exploiter tous types de métaux depuis des siècles, sans parler des exploitations industrielles : si elles sont sur son passage, il y a forcément un risque de pollution !*

Attention toutefois à ne pas tomber dans le catastrophisme ! Attirer l'attention ne signifie pas forcément pointer systématiquement un danger. Si l'émotion peut être contenue dans votre texte ou dans la situation que vous exposez, c'est également à travers vous, ce que vous représentez et votre façon de raconter, que des émotions seront véhiculées entre votre public et vous. Le géologue baroudeur impressionnera par les clichés qu'il a réalisés lui-même au pied d'un volcan en éruption, tandis que l'archéologue partagera l'intensité de sa découverte récente dans un chantier de fouilles.

Des images significatives et des exemples chiffrés

La métaphore est l'outil le plus utilisé dans la médiation scientifique : elle permet d'expliquer un élément complexe ou technique en le comparant à quelque chose de familier, tout en rendant le propos plus imagé et vivant. Les exemples sont nombreux dans le domaine médical où l'on note des analogies très fréquentes avec les notions de guerre, de combat. Les exemples suivants sont extraits du site Doctissimo*.

*Diabète, tabagisme, sédentarité : les **principaux ennemis** du cœur*

La personnification, qui consiste à assigner des propriétés humaines à un objet ou un animal, peut faciliter la compréhension de certains concepts.

*Cancer : des cellules **à la folie contagieuse***

Enfin, une définition simple peut être apportée en reformulant un terme en vue de le clarifier.

*Radiothérapie : il s'agit d'exposer les cellules cancéreuses à une ionisation, **c'est-à-dire une émission de radiations** qui va altérer la composition de l'information génétique des cellules cancéreuses.*

Si elles facilitent la compréhension en faisant référence à des concepts mieux maîtrisés, les métaphores peuvent aussi pécher par excès de simplicité, offrant une image fausse de la réalité. Les modèles (le mot n'est pas choisi par hasard) sont monnaie courante en sciences : modèle planétaire pour les atomes, modèle de la chute libre, modèles statistiques en sciences sociales… Méfions-nous juste des raccourcis qui risquent de perturber la compréhension. Dans la même idée que les métaphores, citer des exemples sera toujours une excellente manière d'appuyer une théorie ou un concept, en rendant l'information plus explicite. Quelques données chiffrées peuvent parfois en dire bien plus que de longues phrases d'explication.

*Le bois possède une conductivité thermique extrêmement faible : il transmet la chaleur **12 fois moins vite** que le béton et **250 fois moins vite** que l'acier !*

Notons également la difficulté, pour le commun des mortels, à percevoir de manière concrète des notions faisant appel à des distances infiniment petites ou gigantesques, ainsi que des références à des périodes très anciennes par exemple. Si le nanomètre ou le million d'années sont vos unités de travail au quotidien, pensez que ce n'est pas le cas de tout le monde. Afin de ne pas s'y perdre, quelques comparaisons bien placées donneront des repères pour mieux cerner les ordres de grandeur.

Un nanomètre, c'est un milliardième de mètre. Un cheveu, par exemple, a un diamètre de l'ordre de 100 nanomètres.
Si l'on résume l'histoire de la Terre à une journée de 24 heures, les premiers pas parcourus par l'homme ont eu lieu à 23 h 59 et 30 secondes.

Comment terminer votre histoire ?

À l'écrit comme à l'oral, la conclusion d'une présentation est à soigner au moins aussi bien que l'introduction : c'est la dernière impression que vous laissez aux lecteurs et auditeurs. Si votre présentation a été bien structurée, vous n'avez pas besoin de résumer toutes les étapes mentionnées auparavant : il peut être pertinent d'indiquer, après vos conclusions scientifiques, comment se déroulera la suite de votre travail. Les perspectives que vos recherches passionnantes impliquent doivent nous mettre l'eau à la bouche !

Des outils, des objets et des anecdotes qui nous parlent

Pour apporter un point de vue original à votre histoire et la rendre encore plus concrète, n'hésitez pas à vous appuyer sur quelques éléments issus de la culture ou des arts, sur des objets, ou encore des illustrations. Ainsi, des références à la **littérature** ou au **cinéma** pourront aider à captiver un public « non scientifique », qui se rendra alors compte que les sciences sont présentes dans bien plus de situations qu'on ne l'imagine. La science-fiction déborde d'exemples qui argumenteront en votre faveur et feront sensation auprès des fans ! *La Proie*, roman de Michael Crichton, traite des nanotechnologies. C'est un exemple intéressant pour aborder les craintes que peut avoir le public de cette science en plein essor. Au cinéma, *Imitation Game*, sorti en 2014, est un excellent support pour parler d'intelligence artificielle et d'Alan Turing. La science-fiction regorge de films pouvant être prétextes à des débats, depuis *Mission to Mars* jusqu'à *Bienvenue à Gattaca*. Le plus dur sera de choisir !

Encore plus parlantes, des **photos de vous** en situation, en laboratoire ou sur le terrain, seront les bienvenues pour illustrer de manière réaliste une présentation scientifique : n'hésitez pas à les projeter en conférence, ou à les faire circuler en version papier si le groupe est plus restreint. Des **objets de votre quotidien** permettront de « matérialiser » votre recherche : il peut s'agir d'un outil que vous utilisez tout comme un échantillon que vous avez fabriqué ou ramassé. Cela peut constituer une accroche « mystère » si, en plus, vous nous demandez de deviner ce que c'est, d'où ça vient… Une façon originale de susciter la curiosité en faisant appel à l'imagination du public. Un échantillon de roche, un modèle de cerveau, un code civil, un matériau ultrarésistant utilisé dans les avions, une boîte de Petri, un Erlenmeyer, une plante, une carte, un journal, un composant électronique… je pense que vous avez compris que la liste est non exhaustive !

Si c'est vous qui présentez vos recherches aujourd'hui, il y a sans doute d'excellentes raisons : c'est donc aussi *votre* histoire que l'on

Trouvez un objet suffisamment représentatif de votre spécialité scientifique, que vous pourriez utiliser comme accroche quand vous évoquez vos recherches.

doit découvrir à travers votre intervention. Sans entrer dans votre biographie détaillée, vous pouvez apporter des éléments personnels dans votre présentation, ce qui la rendra encore plus humaine et bien plus intéressante. Des **anecdotes sur la vie du laboratoire** ou sur un congrès auquel vous avez participé montrent également que vous n'effectuez pas vos recherches seul dans une tour d'ivoire.

> *Lors d'une discussion avec un collègue à la machine à café du laboratoire — la machine à café, c'est là que tout se passe, on y apprend plein de choses ! — on s'est dit qu'il serait intéressant de refaire cette expérience en changeant un paramètre : la température.*

Un **clin d'œil à votre parcours**, à vos études, aux difficultés rencontrées, donnera une image plus réaliste de votre métier. Sans dérouler votre CV complet, il n'est pas inintéressant de raconter comment vous en êtes arrivé là pour montrer qu'il n'y a pas besoin d'avoir été forcément le premier de la classe pour faire des études et un métier scientifique.

> *Quand j'étais gamin, je m'intéressais déjà au corps humain et à son fonctionnement : cette machinerie me fascinait. J'ai voulu faire médecine, mais j'ai raté. Pas grave ! J'ai fait une licence et un master en biologie cellulaire, et j'ai eu l'opportunité de faire une thèse.*

Vous l'aurez compris, il y a de multiples façons de trouver un point d'accroche sur lequel votre présentation s'appuiera. Pour les quelques doutes qui vous restent encore, voici une série de *frequently asked questions* :

Je n'ai pas ou peu de résultats à présenter, comment faire ?

Concernant vos recherches, soyez simple et honnête : vos expériences n'ont certainement pas toutes abouti et vous avez sans doute rencontré des problèmes lors des manips. Eh bien justement, c'est ce parcours tumultueux que le public a aussi envie de connaître.

Laissez entendre qu'il vous reste du pain sur la planche et que vous allez chercher, avec l'aide de vos collègues, une solution pour résoudre ces difficultés. C'est aussi une façon de montrer que la science avance à son rythme, et qu'il faut savoir s'armer de patience pour mener une investigation scientifique fine.

Mon sujet de recherche est vraiment trop compliqué, comment le vulgariser ?

Bien sûr, car vous avez plusieurs années d'expérience dans un domaine pointu : cela se saurait si une recherche scientifique était à la portée du premier venu… Déjà, il est important de retenir un aspect essentiel de la médiation scientifique : vous n'allez pas pouvoir tout dire ! Vous devez prendre du recul sur votre sujet pour le raccrocher à des éléments parlants pour le public : qu'est-ce qui, dans vos activités scientifiques, peut interpeller ou surprendre ? Comment vos recherches affectent-elles la vie quotidienne des gens ? Rassurez-vous, si certains chercheurs sont de véritables stars de la communication, c'est à force d'entraînement.

Je travaille en recherche fondamentale, il n'y a pas d'application pour mes recherches…

La recherche fondamentale nécessite également d'être mieux connue du grand public. Bien entendu, il est moins évident de faire passer un message sur des théories mathématiques abstraites que sur une molécule porteuse d'espoir pour une maladie ultra-répandue… Profitez de votre présentation pour faire comprendre que, oui, la recherche fondamentale a un intérêt essentiel pour nos sociétés (importance de faire avancer la science, vision à long terme, applications potentielles dans plusieurs années…).

Si vous préparez une conférence pour le grand public, la fiche pratique #2 en fin d'ouvrage récapitule quelques conseils et questions à vous poser.

TU VERRAS, FINALEMENT ILS NE SONT PAS PLUS EFFRAYANTS QUE DES BACTÉRIES DANS UNE BOÎTE DE PETRI !

CHAPITRE 11

« J'AI LE TRAC,
JE N'Y ARRIVERAI JAMAIS »

Situation banale s'il en est, le trac montre toujours le bout de son nez au mauvais moment, quand il s'agit de parler en public, d'intervenir en direct à la radio (voir fiche pratique #3 en fin d'ouvrage) ou de faire une animation devant un groupe. Même si le stress peut avoir un effet dopant, nous permettant de dépasser les premiers instants difficiles pour mieux gérer la suite, il nous met souvent mal à l'aise et peut en décourager certains. C'est particulièrement le cas pour les situations de médiation scientifique, un exercice déstabilisant dans lequel on ne maîtrise pas complètement le déroulement ni les réactions du public.

VOTRE CORPS, UN ATOUT POUR CONVAINCRE

Un conférencier qui parle avec aisance fait bien plus que débiter des mots avec fluidité : c'est aussi son attitude, sa posture, ses gestes qui font de ses paroles un discours agréable à écouter et convaincant. Prendre conscience de votre façon d'être et de votre attitude face au public vous aidera à mieux vous adapter et, le cas échéant, à vous améliorer en corrigeant des défauts qui vous avaient échappé.

Pires ennemis d'un orateur s'il ne les maîtrise pas, les **gestes** peuvent faciliter la compréhension du public s'ils sont utilisés à bon escient. Lors d'une énumération ou pour décrire un objet, par exemple, quelques mouvements des bras, savamment pensés et bien dosés, seront presque imperceptibles pour le public tant ils sont en harmonie avec votre discours. Attention aux excès : ni les gesticulations abusives, ni l'état complètement statique ne sont de mise pour une présentation réussie.

Globalement, une **attitude positive et souriante** aidera à emmener le public dans l'histoire que vous avez choisi de lui raconter. Pour cela, tournez-vous vers lui, soutenez le regard des gens en face de vous, n'hésitez pas à balayer la salle en quelques secondes pour que chacun se sente concerné. La relation que vous avez avec les hommes et femmes en face de vous dans ces moments-là est capitale : pour capter l'attention et faire du public un allié, la bonne gestion de votre corps est un atout, mais, comme tout le reste, cela ne s'improvise pas.

Enfin, soyez vigilants sur les aspects plus techniques qui pourraient tourner au cauchemar en vous déstabilisant complètement : micro HF, micro sans fil ou pas de micro ? Pupitre ou chaise ? Lumière sur vous

Filmez-vous quelques minutes, au moment de répéter pour une présentation, et regardez dans un premier temps sans mettre le son : au premier coup d'œil, tics à éviter et déplacements intempestifs vous sauteront aux yeux.

ou sur la salle ? Plus vous en saurez, mieux vous pourrez vous préparer ! Il ne s'agit pas de se rendre esclave de conditions techniques qui vous mettraient mal à l'aise. N'hésitez pas non plus à vous déplacer dans la salle, en quittant le pupitre ou la scène, en déplaçant le groupe s'il le faut, évitant ainsi de tomber dans une routine qui inciterait à ne plus vous regarder. Combien d'entre nous ont déjà assisté à des conférences soporifiques en priant pour que le temps passe plus vite ? Faites tout pour éviter cela et gagner la sympathie du public !

AR-TI-CU-LA-TION ET RYTHME

Si votre corps contribue à votre présentation, la façon dont vous direz les choses joue bien évidemment un rôle essentiel. Voici le moment de vous écouter attentivement parler.

On vous le répète depuis vos premières poésies : ar-ti-cu-lez ! Pour être certain de se faire comprendre, une diction parfaite de chaque mot s'impose. Dans un contexte scientifique, l'emploi de certains mots inhabituels pour les auditeurs nécessite un soin tout particulier pour garantir la bonne compréhension. Soyez particulièrement vigilant à des mots qui vous semblent familiers mais que le public entend pour la première fois. Méfiez-vous par exemple des mots aux multiples significations comme *élément, période, capital, force, noyau...* qui en mathématiques, en économie ou en histoire n'auront pas du tout le même sens. Un effort sur la **prononciation** nécessite également de ne pas supprimer certaines syllabes comme on le fait sans s'en rendre compte dans des situations familières. Il va sans dire que vous penserez également à adapter le **volume** de votre voix en fonction du contexte, en s'assurant que tout le monde vous entend bien.

Afin d'insister sur une idée phare, il est judicieux de faire appel à des techniques de mise en exergue comme l'**accentuation**, qui donnera du relief à un mot-clé que vous jugez particulièrement important : en modifiant légèrement votre ton et en articulant davantage sur un mot ou une expression, vous mettrez en évidence l'importance de cette partie de phrase en attirant l'attention des interlocuteurs. Ne laissez pas filer une notion en la glissant trop discrètement dans un discours, au risque de perdre une partie de votre auditoire qui n'en aura pas saisi l'enjeu. Quelques **silences**, à des moments judicieusement choisis, marqueront des moments-clés et faciliteront l'assimilation de votre discours.

Le **rythme** de votre présentation aidera à capter et garder l'attention du public : si un débit modéré est de mise pour une présentation classique, n'hésitez pas à faire varier le rythme du discours en l'adaptant au contenu, par exemple. Globalement, un rythme posé mais dynamique, laissant la place à des variations contrôlées de l'intonation et du débit, maintiendra l'intérêt des auditeurs. Ces paramètres, s'ils sont bien maîtrisés (répétitions oblige !), participeront également

Entraînez-vous à lire ces phrases en mettant l'accent sur le mot que vous jugez le plus important. Selon le contexte et le message que vous souhaitez faire passer, vous n'insisterez pas forcément sur les mêmes mots.

La structure en hélice de l'ADN a été découverte par Cricks et Watson en 1953.

Les roches dites métamorphiques sont des roches transformées par la chaleur et la pression, donnant naissance à de nouvelles combinaisons de minéraux.

à mieux contrôler votre respiration tout au long de votre intervention.

Exemples : un événement rapide et une succession de mots peuvent se lire sur une cadence soutenue, tandis que la lenteur d'un phénomène peut se traduire par un rythme nettement diminué.

> *En seulement quelques minutes, les places boursières du monde entier s'effondrent : Londres, Paris, Tokyo, New York… La chute est aussi vertigineuse qu'inattendue.*
>
> *L'océan Atlantique poursuit son ouverture depuis plusieurs centaines de millions d'années, au rythme de quelques centimètres par an.*

Enfin, rappelons aux plus bavards qu'il est important de **respecter le temps** dont vous disposez pour votre présentation. Même s'il n'est pas déterminé à l'avance (souvent le cas d'une conférence, par exemple), le public n'a pas une patience infinie. S'il est venu en simple curieux, veillons à ne pas le contrarier ou même le dégoûter à cause d'une interminable conférence, tout aussi passionnante qu'elle soit. Parler un peu moins, c'est aussi laisser davantage la parole au public : au fait, aviez-vous pensé à lui poser quelques questions pour l'associer à la conversation ?

L'ensemble des astuces et des techniques concernant la voix, la prononciation, le rythme, ne sont autres que des pratiques courantes pour les amateurs de théâtre. Il existe d'ailleurs une multitude de petits exercices simples à réaliser seul ou en groupe, permettant d'échauffer sa voix et d'améliorer son articulation. Je ne peux que vous inviter à tenir compte de ces éléments techniques afin de prendre conscience de vos points faibles pour améliorer vos prestations orales de toutes sortes. Pensez aussi à solliciter des collègues et des proches pour vous écouter répéter : cet exercice de simulation, enrichi de leur regard critique sur le fond et la forme, constituera un excellent entraînement. Si vous jouez le jeu, votre présentation sera sans aucun doute largement améliorée et le public et vos collègues vous en remercieront !

HA! QU'EST-CE QUE JE DISAIS ?
T'Y METTRAIS PAS UN PEU DE MAUVAISE VOLONTÉ ?
Vulgarisation

CHAPITRE 12

« IL EST TROP TARD POUR SUIVRE UNE FORMATION »

Que vous soyez étudiant, doctorant ou chercheur dans n'importe quelle discipline ou si vous souhaitez vous investir dans la médiation scientifique, c'est possible à tout moment de votre carrière. Se former ne signifie pas forcément s'engager dans une démarche longue qui vous obligerait à mettre de côté votre activité actuelle. Voici des pistes et des ressources précieuses qui vous permettront de mettre un pied dans la porte. Quand vous y aurez goûté, vous y reviendrez ! Parmi les formations, réseaux et associations sur lesquels garder un œil, voici une liste non exhaustive qui vous apportera du grain à moudre pour suivre les tendances de la médiation scientifique.

DES FORMATIONS POUR S'INTERROGER, S'AMÉLIORER

L'École de la médiation propose un programme complet de formations courtes pour les médiateurs scientifiques. « Initiation à la médiation pour les scientifiques » ou « améliorer ses techniques d'animation » : voici quelques exemples de formations de 2 ou 3 jours adaptées à tous ceux qui s'intéressent à la question de près ou de loin. Portée par de multiples acteurs dont Universcience, le Conservatoire national des arts et métiers et l'Espace des sciences Pierre-Gilles de Gennes, l'École de la médiation se présente comme un laboratoire d'idées, un centre de formation et un observatoire de la médiation scientifique.

http://www.estim-mediation.fr/ @EstimMediation

Des formations pour les chercheurs, doctorants, ingénieurs sont aussi au programme du **Centre de vulgarisation de la connaissance** (Orsay, université Paris-Sud), qui chaque année propose des stages dans lesquels interviennent des professionnels de la médiation. Des **agences de communication** en ont aussi fait leur spécialité, comme Echotone ou Agent Majeur, qui accompagnent des scientifiques pour la rédaction d'articles vulgarisés, l'organisation d'une visite de laboratoire, ou encore la conception de posters attractifs.

http://www.cvc.u-psud.fr/

http://www.echotone.fr/ @AgenceEchotone

http://www.agentmajeur.fr/ @AgentMajeur

Plus long mais bien plus complet, le **Diplôme universitaire de médiation scientifique innovante** est proposé par le Centre de recherches interdisciplinaires à Paris. On y balaie tous les aspects de la culture scientifique : son histoire, ses enjeux, ses publics, ses outils. Le must pour une formation continue sur le sujet.

http://cri-paris.org/du/mediation-scientifique-innovante/ @criparis

Un MOOC intitulé « **Sciences Tag** » a été lancé en septembre 2016 sur le thème « Les médiations culturelles et scientifiques à l'ère des réseaux sociaux ». Plus de 2 000 inscrits pour ce cours en ligne qui, au-delà des trucs et astuces pour les réseaux sociaux, invite à réfléchir à une stratégie d'utilisation de ces nouveaux outils pour le monde culturel et scientifique.

http://www.sciences-tag.fr/

DES PROJETS DANS LESQUELS S'INVESTIR

Cinémathèse, les doctorants font leur cinéma résulte de plusieurs festivals de courts-métrages pour les jeunes chercheurs. Au fil des années, le réseau s'étend à travers des rencontres et le projet se développe dans le but d'encourager les doctorants à se lancer dans la réalisation de petits films parlant de leurs recherches. Un kit d'organisation est même disponible pour ceux qui souhaiteraient importer le concept dans leur ville. Toujours dans l'idée d'inciter les chercheurs à proposer des sujets pouvant être valorisés par le film, le **concours Filmer sa recherche** encourage la création audiovisuelle en accompagnant les meilleures idées jusqu'à la prise en charge de la réalisation d'un film de 26 minutes.

http://cinemathese.org/

http://www.filmdechercheur.eu/ @filmdechercheur

PintOfScience, un festival international de rencontres scientifiques autour d'un verre, existe dans plus d'une dizaine de pays, de l'Australie à l'Afrique du Sud en passant par la France, où le concept est repris dans près de 30 grandes villes. Le concept dépoussière les bons vieux cafés des sciences, en donnant rendez-vous au public dans un bar lors d'un festival qui se tient chaque printemps. Des présentations de chercheurs ou de doctorants sont le prétexte à des discussions conviviales autour de sujets divers et variés. Pour que les sciences fassent un pas vers le public, et « parce que non, dans un labo, ça ne se passe pas toujours comme dans *Les Experts* ». Simple spectateur ou acteur du projet, prenez contact près de chez vous !

https://pintofscience.fr/ @pintofscienceFR

DES RÉSEAUX À SUIVRE POUR RENCONTRER DES ACTEURS

Quelques réseaux professionnels existent autour de la médiation scientifique. Vous pourrez y trouver des informations précieuses et y rencontrer des acteurs avec lesquels vous pourrez partager vos expériences et enrichir votre pratique et votre réflexion sur ces questions.

L'**Association des musées et centres de culture scientifique, technique et industrielle** (AMCSTI) propose des rendez-vous annuels (colloque, journées d'étude…) pour réfléchir et débattre des problématiques au sein d'un large réseau professionnel comptant près de 200 membres. L'association organise et délivre également chaque année le prix Diderot de l'initiative culturelle, qui récompense des projets innovants et des acteurs marquants du domaine. Le site sera aussi un lieu pour déposer ou consulter vos annonces : emploi, stage, expos…
https://www.amcsti.fr/fr/ @Amcsti

L'**Office de coopération et d'informations muséales** (Ocim) met en place de nombreuses formations et met à disposition des ressources précieuses pour qui s'intéresse aux musées, au patrimoine et à la culture scientifique et technique : documents, publications, annuaire… L'Ocim mène également depuis plusieurs années une mission d'observation de la culture scientifique en France, pour mieux connaître les acteurs et analyser les enjeux du domaine.
http://ocim.fr/activites/observation/ @ocim_pcsti

MakerScience est un réseau social dédié totalement à la culture scientifique, lancé en 2015. La plateforme incite aux échanges avec d'autres acteurs, pour présenter ses projets, trouver des partenaires, partager ses expériences… Un format original pour réunir la diversité des acteurs de culture scientifique.
http://www.makerscience.fr/ @makersciencefr

Enfin, sur les réseaux **Facebook** et **LinkedIn**, les groupes « Communication et culture scientifique » comptent plus de 4 000 membres chacun. Vous y trouverez des annonces d'emploi et de stage, des partages d'expériences, des actus sur les journées professionnelles, ou encore des discussions sur les sujets du moment. Une communauté ouverte à tous les curieux, pour rester branché sur les actus des réseaux de médiation scientifique. Suivez également le hashtag #SciComm qui fonctionne très bien (en anglais) sur Twitter. Le compte @ComSciComCa laisse également la parole chaque semaine à un professionnel francophone de la médiation des sciences.

DES RENCONTRES PROFESSIONNELLES POUR MÉDIATEURS, CHERCHEURS, JOURNALISTES SCIENTIFIQUES

Comme le fait l'AMCSTI en France, plusieurs réseaux organisent des rencontres professionnelles dédiées à la culture scientifique, avec quelques spécificités. Ouvertes à tous ceux qui souhaiteraient échanger et discuter des enjeux et des pratiques de la médiation, ces rencontres sont l'occasion d'enrichir ses propres pratiques et de mettre en place des collaborations. Distribuer quelques cartes de visite pour étoffer son réseau, c'est aussi une bonne façon d'avancer sur le terrain de la médiation scientifique.

ECSITE : un réseau européen de centres de sciences (mais pas seulement) qui organise chaque année, avant l'été, un congrès réunissant plus de 1 000 participants. Une lettre d'information et toutes les actualités sont disponibles sur leur site.
http://www.ecsite.eu/annual-conference @Ecsite

PCST : réseau international de chercheurs qui réfléchissent à la médiation scientifique, ses publics, ses impacts, ses enjeux, ses perspectives. Tous les deux ans se tient un congrès avec près de

600 participants du monde entier, chaque continent accueillant tour à tour la manifestation. Une liste de diffusion permet de ne rien manquer des actualités du réseau.

http://www.pcst.co/ @PCSTNetwork

D'autres rencontres spécialisées sont au programme chaque année : congrès de la World Federation of Science Journalism tous les deux ans, EUSEA et son réseau d'organisateurs de festivals des sciences, les Kids Universities qui permettent aux enfants de venir à l'université pendant une journée et de rencontrer des chercheurs. Lancée par l'université de Lorraine en 2015, Science and You est une rencontre internationale qui prend la forme d'un colloque professionnel, d'une formation pour doctorants et d'événements pour le grand public.

http://wfsj.org @WFSJ

http://www.eusea.info/ @EuseaEvents

http://www.eucu.net @EUCUNET

http://www.science-and-you.com @Science_and_you

Voilà donc de multiples opportunités de vous confronter (une première fois peut-être ?) à la culture scientifique, sous ses différents aspects. En participant à l'une ou l'autre de ces rencontres, vous découvrirez des acteurs engagés, passionnés, qui compléteront votre regard sur la médiation scientifique.

FINALEMENT, QU'EST-CE QUE LA CULTURE SCIENTIFIQUE ?

Après avoir mis en évidence de nombreuses problématiques liées aux rapports entre les sciences et la société, voici le moment de s'interroger sur une définition de ce qu'on a appelé tantôt culture scientifique, tantôt communication ou médiation des sciences, tantôt vulgarisation. Il ne s'agit certainement pas de déterrer un débat qui agite les congrès professionnels depuis longtemps, mais plutôt de mettre sur la table un certain nombre d'idées et de concepts qui montrent aussi que le monde de la culture scientifique évolue.

MOUI... AU MOINS ÇA A LE MÉRITE DE DÉCORER LE LABO...
LA BIOLOGIE FACILE

CHAPITRE 13

« LA CULTURE SCIENTIFIQUE, C'EST DU TOC, C'EST DE LA COMM' »

C'est ce que pensent certains scientifiques, peu à l'aise avec la communication, en prenant un léger raccourci qui mélange maladroitement communication et culture scientifique. Comme on l'a vu, il est facile de considérer que ces activités relèvent de la perte de temps et d'argent, qui pourraient être employés plus utilement en finançant leurs recherches. Mais peut-on assimiler la culture scientifique à de la communication ? Depuis le lancement de la Fête de la science il y a plus de vingt-cinq ans jusqu'aux sciences participatives devenues « à la mode », regardons ce qui se cache derrière les notions de vulgarisation, de médiation, de culture ou de communication scientifiques.

La **vulgarisation** pourrait correspondre au modèle proposé par Fontenelle dès le XVIIe siècle quand il publie *Les Entretiens sur la pluralité des mondes* (1686) à travers un dialogue entre un savant et une marquise, sur fond de débats philosophico-scientifiques rendus accessibles. Fontenelle explique sa démarche : « J'ai mis dans ces *Entretiens* une femme que l'on instruit et n'a jamais ouï parler de ces choses-là. J'ai cru que cette fiction me servirait à rendre l'ouvrage plus susceptible d'agrément. » Si cette démarche semble partir d'une bonne intention, le terme « vulgarisation » pose tout de même quelques questions. En effet, il sous-entend que le scientifique qui fait de la vulgarisation serait celui qui détient le savoir, en s'adressant au peuple (du latin *vulgaris*, signifiant « qui concerne la foule »). Le public, considéré comme ignorant, n'aurait pas un autre rôle à jouer que d'accumuler les informations qu'on lui donne. Comme nous l'avons vu plus tôt, le concept de vulgarisation, s'appuyant sur le modèle du déficit, a encore le vent en poupe chez les scientifiques qui considèrent souvent que les actions de vulgarisation servent à éduquer le grand public. Abandonner ce modèle, et au passage le terme « vulgarisation », semble impératif pour construire une relation plus saine entre chercheurs et citoyens.

La **culture scientifique (technique et industrielle)** : dans les années 1980, cette expression devient très à la mode et laisse un peu de côté la vulgarisation. Le ministre français de la Recherche de l'époque, Hubert Curien, convaincu que les chercheurs doivent entrer en contact avec le public, lance la « Fête de la science » et contribue au développement des centres de culture scientifique, technique et industrielle, ou CCSTI. La culture scientifique entre aussi plus ouvertement dans la sphère politique, avec les nombreux débats qui fleurissent, sur le sang contaminé, la vache folle, l'accident de Tchernobyl, entres autres, faisant prendre conscience qu'il faut rendre la science moins hermétique pour redorer le blason de certaines disciplines envers lesquelles la confiance s'effrite. La confiance des jeunes en particulier, qui s'intéressent à d'autres formations car les amphis de physique fondamentale ou de maths appliquées semblent soudainement bien poussiéreux, sans avenir et peu intéressants pour qui voudrait avoir un bon métier. La culture scientifique devient, pour de nombreux universitaires, un moyen de séduire le jeune public en proposant des expériences colorées lors de la Fête de la science, en imaginant qu'ils s'inscriront le sourire aux lèvres à la fac de sciences. Pour ceux qui feraient encore de la culture scientifique pour cette raison, on s'est rendu compte depuis longtemps que… cela ne fonctionne pas. Les services d'orientation dans les universités, dont c'est la fonction principale, sont là pour répondre à ces besoins. Attention aussi à ne pas tromper sur la marchandise et à vendre du rêve ! Nous y reviendrons.

Vient ensuite le mot « culture ». Pratiquer la culture scientifique contribuerait à « (re)mettre la science en culture », comme le propose Jean-Marc Lévy-Leblond (2004). Cette démarche viserait à abolir des frontières virtuelles qui persistent dans l'imaginaire collectif, plaçant les sciences d'un côté et la culture de l'autre. Une fracture qui n'est pas si flagrante, si l'on en croit le récent rapport publié par le ministère de la Culture et de la Communication, concernant « les représentations de la culture dans la population française » (Guy, 2016). Cette étude souligne un chiffre étonnant mais rassurant : 77 % des personnes interrogées avancent que la science appartient au domaine de la culture. Pourtant, le système scolaire ne diffuse-t-il pas inconsciemment un message contraire, quand on propose aux élèves dès l'école primaire un format plutôt figé et segmenté : sciences d'un côté, activités artistiques de l'autre ? Maths pour les « esprits scientifiques », et philo pour les « littéraires » ? Cette approche, qui persiste aussi largement dans l'enseignement supérieur, contribue à troubler le message, fermant la porte à la possibilité d'appréhender des problématiques sociétales avec le recul indispensable à leur bonne compréhension. D'un point de vue académique, il semble donc compliqué d'envisager de faire entrer deux cultures dans une même case. Pourtant, la culture scientifique est bien avant tout une pratique culturelle, au sens où cette action reflète un état d'esprit, une ouverture, une volonté de partage et des valeurs qui sont les mêmes pour la culture artistique et la culture scientifique. On se situe quelque part entre l'éducation informelle, la citoyenneté, la responsabilité sociétale, la stimulation de la curiosité et de la découverte.

Les adjectifs « technique et industrielle » sont fréquemment associés à l'expression « culture scientifique », ce qui n'aide probablement pas à clarifier la situation. Cette juxtaposition est-elle vraiment utile ? À juste titre, les défenseurs des sciences humaines et sociales, qui ne semblent pas se retrouver derrière l'acronyme CST, sont sans doute encore moins concernés par les aspects industriels : la culture scientifique, technique et industrielle ne s'adresse pourtant pas uniquement aux sciences dures ou aux sciences de l'ingénieur. On peut aussi interpréter la présence de ces termes comme une implication des entreprises dans la démarche de culture scientifique, ce qui est pourtant assez peu le cas, sauf quelques exceptions. Le T et le I de CSTI se rapportent également au patrimoine scientifique et technique, essentiellement constitué de collections d'instruments et d'objets scientifiques, témoins de l'histoire des sciences. Parfois laissé à l'abandon et négligé par les chercheurs eux-mêmes, ce patrimoine n'a pas été une priorité au moment du lancement des centres de sciences, qui ont privilégié la programmation d'événements pour le public sans s'appuyer sur des collections. Exception qui confirme la règle, le Musée des arts et métiers à Paris met en valeur les plus beaux instruments et objets scientifiques et techniques, qui sont autant de témoins précieux de l'histoire des sciences et des scientifiques qui les ont conçus et imaginés. En ce sens, une mission nationale de sauvegarde est également portée depuis 2003 par le Musée et relayée par un réseau d'acteurs régionaux, visant à « sensibiliser les organismes d'enseignement supérieur et de recherche et les structures culturelles, ainsi que les entreprises, à la sauvegarde du patrimoine scientifique et technique contemporain »[18]. Une prise de conscience de l'importance des aspects patrimoniaux des sciences et des techniques semble se réaliser, y compris au cœur des établissements d'enseignement et de recherche ; il n'en reste pas moins, pour en revenir à l'expression « culture scientifique », que la forme raccourcie est privilégiée puisque les aspects techniques ou industriels ne sont pas réellement au cœur des préoccupations des acteurs du domaine.

L'expression « **communication scientifique** » est la meilleure façon de laisser planer le doute sur la véritable intention de celui qui la pratique. Un communiqué de presse d'un institut de recherche qui vante une avancée scientifique est une action de communication sur un sujet de science. Mais c'est de la communication institutionnelle, certainement pas de la culture scientifique ou de la médiation. La confusion vient souvent du fait que les acteurs de médiation/culture scientifique/vulgarisation sont souvent, dans les organigrammes, très proches — voire dans — des services de communication, ce qui contribue à semer le trouble sur les objectifs des actions qui sont organisées : ne chercherait-on pas à mettre en valeur l'institution de recherche ou l'université, au détriment des objectifs d'éducation à la citoyenneté et autres mises en culture de la science qui sont affichés ? Comble de l'ambiguïté, l'expression « communication scientifique » fait souvent référence, pour les chercheurs, à une

---

18. Objectif annoncé sur la page web de la Mission nationale de sauvegarde et de valorisation du patrimoine scientifique et technique contemporain : http://www.patstec.fr.

publication dans une revue scientifique : c'est là tout le contraire d'un article accessible au grand public !

Dans le même style d'incompréhension, la valorisation scientifique est parfois confondue avec la culture scientifique : si cette dernière contribue à « mettre en valeur » les activités scientifiques d'un laboratoire par exemple, elle n'a rien à voir avec la valorisation, activité qui, dans le contexte des laboratoires de recherche, consiste à accompagner les chercheurs pour déposer des brevets. Dans un cas, on souhaite parler des projets de recherche au public, dans l'autre, c'est la culture du secret qui l'emporte, l'enjeu économique étant majeur.

Vient ensuite l'expression « **médiation scientifique** », qui sous-entend un vrai échange entre scientifiques et public. Un échange dans les deux sens, pouvant même aller jusqu'à une coconstruction des savoirs. Loin derrière nous l'image du chercheur qui divulgue ses connaissances à qui veut bien l'écouter : la médiation, c'est du gagnant-gagnant ! Le public écoute, participe, interagit. Le chercheur aussi écoute, participe, interagit. Si le terme « médiation » peut prêter à confusion en insinuant qu'il existe une situation de mésentente ou de conflit entre chercheurs et public, il a le mérite de laisser la porte ouverte au dialogue et surtout une place plus grande et plus active au citoyen. L'intervention d'une tierce personne, le médiateur scientifique, est parfois nécessaire : il sera celui qui traduit, qui décrypte, qui accompagne le public et le chercheur vers un dialogue. On n'a pas dit qu'il fallait que tout le monde soit d'accord à la fin.

Ces questions terminologiques mettent en évidence que les valeurs qui se cachent derrière les notions de médiation, de vulgarisation ou de communication scientifique ne sont finalement pas tout à fait les mêmes. D'une période à une autre, d'un pays à un autre, d'une personne à une autre, les concepts varient en fonction du contexte, d'orientations politiques ou simplement des convictions de chacun. Du modèle du déficit aux débats, en passant par les sciences participatives, les nuances sont de taille. Apprenons juste à bien préciser de quoi on parle, pour être sur la même longueur d'onde, au risque de faire passer la médiation scientifique pour un domaine fourre-tout, qu'il serait important de pratiquer aux yeux de beaucoup, mais dont on ne connaîtrait finalement pas très bien la définition. Heureusement, au-delà des mots utilisés, j'ai l'impression que, dans la pratique, les choses avancent sur la bonne voie. De multiples exemples montrent qu'aujourd'hui, les chercheurs sont invités à dialoguer avec le public et à s'engager vers la médiation non pas pour plaire à leur institution, non pas pour éduquer le public, ni même pour recruter des lycéens dans les universités, mais bien parce que cette mission fait partie de leur métier. Même s'il reste encore du pain sur la planche, l'engagement spontané des jeunes générations de chercheurs vers des activités de partage et d'échange avec le public est un signe très encourageant !

EUH...
AUJOURD'HUI, NOUS ALLONS PARLER DE L'HISTOIRE DU DROIT AVEC UNE PETITE EXPÉRIENCE RIGOLOTE.

CHAPITRE 14

« LA MÉDIATION SCIENTIFIQUE, C'EST TOUJOURS POUR LES SCIENCES DURES ET JAMAIS POUR LES SCIENCES HUMAINES »

Les sciences humaines et sociales sont-elles les parents pauvres de la médiation scientifique ? Vous qui êtes chercheur en philosophie, en économie, en histoire de l'art ou en linguistique, vous vous sentez peut-être peu concerné par les Fêtes de la science et autres Nuits des chercheurs. Comment imaginer que vous ayez quelque chose à montrer au public ? Quelle sorte d'expérience amusante pourriez-vous inventer pour séduire de jeunes marmots en mal de sensations ? Pas évident, mais faisable ! Car oui, vous êtes également concerné par la médiation scientifique. Et peut-être même davantage que les sciences dites « dures ». En effet, même si vous n'allez pas nous faire rêver avec de nouvelles technologies de pointe, même si vous ne nous emmènerez pas aux confins du système solaire en parlant météorites et exoplanètes, vous avez très certainement sous la main des tas de choses à partager : ustensiles anciens, vidéos, résultats d'enquêtes, planches de bande dessinée... Des objets qui peuvent facilement devenir des supports de médiation, à l'origine de discussions passionnées. Qu'il s'agisse d'une conférence, d'un atelier dans le cadre scolaire, d'un café des sciences, vous avez bien évidemment toute la légitimité et les outils nécessaires à votre disposition pour venir présenter vos recherches. Pour de nombreux sujets, votre expérience en sciences humaines sera même une vraie valeur ajoutée pour apporter un éclairage aux discussions. Les controverses techniques et scientifiques actuelles (OGM, nucléaire, nanotechnologies...) sont devenues des débats de société portant sur des enjeux qui dépassent largement le sujet purement scientifique de départ. Il semble indispensable que les sciences humaines aient l'opportunité d'apporter une analyse sur ces thématiques : histoire, sociologie ou géographie, l'avis des experts en sciences humaines constitue un précieux point de vue pour prendre du recul sur ces questions parfois délicates.

En respectant une logique de présentation qui permette au public de suivre le fil conducteur que vous proposez, par exemple votre démarche scientifique, vous avez les mêmes possibilités qu'un chercheur en sciences dures de présenter vos recherches au public. Une question de départ, un contexte à préciser, une problématique précise à formuler, des hypothèses à émettre, que vous testez éventuellement par une approche expérimentale, des résultats que vous obtenez et que vous analysez : voilà un embryon d'histoire scientifique dont le public sera friand. Vous n'êtes pas moins crédible parce que vos résultats se cachent dans des textes ou des concepts plutôt que dans l'ordinateur raccordé à une sonde ionique de dernière génération.

Voici quelques exemples pertinents d'initiatives en médiation scientifique dans le domaine de l'économie, de l'histoire et de la philosophie.

The Signal. À l'initiative d'Olivier Simard-Casanova, un doctorant en économie qui répond à vos questions. Blog, vidéos, compte Twitter : une flopée de supports numériques à portée de clics pour découvrir et discuter des questions autour de l'économie. Il y a les thèmes d'actualité : Brexit, taxe carbone… mais aussi les sujets de fond : qu'est-ce que la valeur ? Qu'est-ce que l'économie ?
https://thesignal.info/ @TheSignalFR

Nota Bene. Chaîne YouTube qui déchiffre l'histoire à travers des anecdotes en tout genre, racontées et illustrées par Benjamin Brillaud. Il nous emmène à la rencontre des papes déjantés et des erreurs historiques dans *Braveheart*. Le coin des enfants propose la méthode pour devenir chevalier. On y apprend aussi quelques détails sur le roi Dagobert, celui qui a mis sa culotte à l'envers, mais pas seulement.
https://www.youtube.com/user/notabenemovies @NotaBeneMovies

La philo en petits morceaux. Série de films courts et ludiques sur des sujets de philosophie des sciences. Si vous vous demandiez si les escargots font des maths, ou encore quelle est la cause de la cause, la réponse est sans doute par là.
http://laphiloenpetitsmorceaux.fr

Un peu plus anciennes mais toujours d'actualité, par le même réalisateur (Philippe Thomine), d'excellentes vidéos dans lesquelles on se retrouve tous… « Le billet perdu » ou « L'apathie des témoins » illustrent des concepts de psychologie sociale expérimentale. Sur YouTube, rechercher « Expérimentations de psychologie sociale ».

Ces quelques bons exemples de médiation scientifique mettant à l'honneur les sciences humaines confirment non seulement que c'est faisable, mais aussi que ça intéresse pleinement le public. Si les sciences humaines et sociales souffrent d'un manque de reconnaissance, la médiation scientifique peut justement contribuer à les valoriser. Sautez donc sur l'occasion pour relever ce défi !

fête de la Science
BELLE AFFLUENCE POUR CETTE ÉDITION! UN PREMIER BILAN?
OH OUI! ON A VENDU:
- 400 MERGUEZ
- 500 CHIPOLATAS
- 700 BIÈRES
- 600 COCAS
...

CHAPITRE 15

« LA MÉDIATION SCIENTIFIQUE, C'EST DEVENU UN BUSINESS »

Comme dans beaucoup de domaines, la culture scientifique se fait sans doute à plusieurs vitesses : les millions de visiteurs dans les « usines » de la culture scientifique contrastent avec la lutte des microassociations qui cherchent avant tout à maintenir un emploi en contrat à durée déterminée en partant à la chasse aux subventions. Ce paradoxe saisissant n'empêche pas de constater que, globalement, les activités de culture scientifique rencontrent un certain succès, en témoigne la participation toujours nombreuse à la Fête de la science et aux manifestations équivalentes partout en France et dans le monde. Mais s'arrêter aux seuls chiffres de fréquentation serait une erreur monumentale : voilà justement l'occasion de se pencher sur l'évaluation des actions de médiation, et ses dérives potentielles.

VRAIES CONVICTIONS OU EFFET DE MODE ?

La culture scientifique, une opportunité pour les hommes et femmes politiques ? De gauche comme de droite, les gouvernements successifs en France ont toujours soutenu les actions de mise en valeur des sciences, de partage, de diffusion. Même constat dans les régions, les départements, les communes, où, sauf cas très exceptionnel, les projets visant à sensibiliser et faire découvrir aux citoyens les sciences et les technologies recueillent des avis favorables et des subventions parfois conséquentes. Quelles sont les motivations des politiques pour soutenir ces actions ? Quels sont les enjeux qu'ils perçoivent pour donner leur feu vert à des financements en ces temps de vache maigre ? La réponse est probablement plus complexe qu'il n'y paraît. En première lecture, des arguments assez évidents sont développés par les élus : le soutien à l'éducation informelle et à la culture, la promotion des activités et des carrières scientifiques sur un territoire, l'attractivité touristique d'un site, l'accès à la connaissance pour tous, y compris dans des secteurs éloignés ou défavorisés… Beaucoup de grands chantiers de notre société actuelle trouvent une partie de leur réponse dans la culture scientifique. Elle serait donc l'une des solutions contre l'exclusion sociale, en créant du dialogue et des activités de cohésion dans les quartiers difficiles. Elle contribuerait à l'innovation, en développant des liens entre les entreprises, les laboratoires et le public. Elle se substituerait partiellement à l'école, où les enseignements en science pourraient être encore améliorés, en proposant de « faire découvrir [aux] élèves une science vivante et accessible, favorisant par des pédagogies actives la compréhension des grands enjeux du XXIe siècle », objectif affiché par la Fondation La main à la pâte*. Elle amènerait les jeunes à s'intéresser à des métiers fascinants, au cœur de la recherche. Impressionné par cette responsabilité soudaine de la culture scientifique vis-à-vis de notre société, je ne peux que m'interroger. Il y a certainement un peu de tout ça dans la médiation des sciences, mais une réflexion un peu plus poussée avec les principaux concernés — élus de tous niveaux et acteurs de la culture scientifique — amènerait sans doute plus de cohérence et d'efficacité dans la perspective d'une construction collective des projets de culture scientifique.

QUAND LES ENJEUX NOUS DÉPASSENT...

La culture scientifique, un business pour les entreprises ? Pour certains sujets qui prêtent à débat, le médiateur scientifique peut se retrouver dans une position inconfortable, dépassé par des enjeux qui ne concernent plus seulement les sciences. Réchauffement climatique, stockage des déchets nucléaires, biodiversité et projet d'implantation d'un aéroport, vaccins... Ces thèmes complexes ne sont plus forcément des controverses scientifiques mais des débats de société qui, lorsqu'ils seront abordés par un médiateur ou un chercheur, pourront s'avérer délicats. Il est essentiel de préserver son impartialité dans de telles situations pour ne pas être instrumentalisé par des lobbies politiques ou économiques, qui utiliseront tous les moyens pour toucher un maximum de public. Derrière son aspect « éducation pour tous », la médiation scientifique peut aussi dissimuler des acteurs aux intentions discutables, qui visent indirectement à convaincre des bienfaits d'un projet ou d'un produit. Du centre de visite industriel, qui aide certainement à faire passer la pilule, au marketing à peine dissimulé des fondations d'entreprise qui semblent s'intéresser généreusement à de grandes causes, la culture scientifique dérive parfois vers de sombres chemins. Que dire également de grandes expositions sur le climat ou la biodiversité, dont les principaux mécènes sont englués dans des scandales environnementaux ? Le pouvoir de l'argent l'emporte aussi dans le domaine de la culture scientifique : tentons de garder les pieds sur terre pour donner du sens à nos actions, avec discernement et déontologie.

CES CHIFFRES QUI NOUS TIENNENT

Si l'on doit naturellement s'intéresser au nombre et à la typologie des publics fréquentant des lieux et des actions de culture scientifique, ce n'est certainement pas pour brandir des chiffres à tout-va, comme s'ils représentaient le résultat attendu. Qu'on compte les visiteurs, qu'on sache d'où ils viennent, leur âge, leur profil, c'est une information sans doute utile. Mais ces indicateurs ne constituent qu'un outil parmi d'autres pour aider à améliorer une démarche globale. Les glorifier sans y apporter un éclairage critique ne contribue pas à valoriser notre activité. Qu'on ait eu l'occasion d'accueillir 10 ou 80 personnes à un café scientifique, est-ce un critère primordial pour évaluer le succès du projet ? La qualité des échanges n'a-t-elle pas au moins autant d'importance ? Quand un chercheur présente une conférence, la pertinence de sa présentation et de ses recherches n'est pas dépendante du nombre d'auditeurs qui ont fait le déplacement. Quand le compteur d'un village des sciences affiche 30 000 entrées, c'est bien. Mais quelle est réellement la valeur ajoutée pour les visiteurs si l'on tombe dans la consommation culturelle de masse ? Ont-ils réellement pu découvrir, discuter dans de bonnes conditions ?

Cette guerre des chiffres peut conduire à une industrialisation de la culture scientifique dont les côtés pervers se font vite ressentir. Une collectivité vous questionne parfois, dans le dossier type de demande de subvention que vous remplissez plusieurs mois avant la manifestation, combien de personnes vous attendez. C'est tout juste si elle s'intéresse au contenu de votre projet : toucher 5 000 personnes semble pouvoir rapporter plus de subventions que si vous ne captez l'attention que de 50. Cette pression du chiffre risque d'amener les organisateurs de projets à dériver vers la communication à outrance, qui grève les budgets au passage, au détriment des actions de médiation qui sont le cœur de leur métier. Chercher à faire venir du monde à tout prix, en employant des moyens pour « vendre les sciences », avec une dose de sensationnalisme pour attirer et faire rêver les foules, nous éloigne encore un peu plus de notre mission. Voilà tout ce qu'on reprochait, quelques pages auparavant, aux médias peu scrupuleux… Réduire les actions de culture scientifique à des chiffres de fréquentation est donc un danger potentiel dont il faut avoir conscience. Ce contexte pernicieux nous oblige à réfléchir à des moyens d'évaluer en profondeur les actions de culture scientifique, pour éviter le jugement trop rapide au « nombre de visiteurs ».

PEUT-ON ÉVALUER LA CULTURE SCIENTIFIQUE ?

Question pertinente, qui est au menu de toutes les journées d'études et colloques professionnels depuis des années. Doit-on évaluer les actions de culture scientifique ? Si oui, comment ? La culture — au sens large — n'est pas familière des indicateurs en tout genre. Évaluer un tableau ou un morceau de musique a-t-il du sens ? Qu'attend le public lorsqu'il visite une exposition d'art moderne ? La culture scientifique, si on la considère comme un membre de la grande famille de la culture, n'aurait donc pas à être scrutée sous tous les angles pour mesurer l'impact de telle ou telle production ou manifestation. Nous aurons toutefois du mal à justifier que la culture scientifique puisse être totalement exempt d'évaluation, alors tentons de découper le problème en plusieurs parties.

Tout d'abord, l'évaluation de la mise en œuvre des actions : on parle là, comme dans toute gestion de projet, d'une analyse des points positifs et des freins qui sont apparus lors de la conception et la réalisation du projet. N'importe quel organisateur d'événement ou porteur de projet se soumet généralement à cet exercice, ne serait-ce que pour améliorer ses pratiques. Le calendrier et le budget prévisionnel ont-ils été respectés ? Les moyens humains affectés à l'opération étaient-ils suffisants et les tâches bien réparties ? Cette autoévaluation n'est évidemment pas propre à la culture scientifique. Mais la médiation nécessite plus spécifiquement une réflexion sur la qualité et la pertinence des contenus et de la forme choisis lors du projet. L'outil de médiation choisi était-il adapté pour créer une interaction avec le public ? Le niveau scientifique de la conférence était-il suffisamment structuré et compréhensible par tous ?

Si l'on s'intéresse ensuite aux publics de la culture scientifique, il serait salutaire de construire un protocole d'évaluation qui compare la nature du public initialement ciblé et le public réellement atteint. Des enquêtes de lectorat ou des questionnaires menés pendant un événement pourraient apporter de précieuses informations sur le sujet : âge, sexe, provenance géographique, situation professionnelle… Ces indicateurs seront toujours à analyser avec une grande prudence et à mettre en regard des outils de communication mis en place ou des réseaux particuliers qui auront pu être mobilisés, influençant potentiellement les résultats.

Vient ensuite l'évaluation de l'impact des actions de culture scientifique. Parmi les objectifs que l'on entend fréquemment pour justifier ces opérations, on retrouve : dialoguer avec les scientifiques, susciter des vocations pour les plus jeunes, inviter les chercheurs à sortir de leurs labos et les citoyens à aller à leur rencontre, informer le public sur l'actualité scientifique, sensibiliser des publics défavorisés… Difficile de savoir si la manifestation que l'on a organisée a réellement permis des échanges constructifs entre chercheurs et public. Si c'est le cas, comment en rendre compte ? Les limites d'une évaluation qualitative de cette opération sont encore plus vite atteintes quand on s'intéresse plus particulièrement aux objectifs à très long terme.

Enfin, la fréquentation, critère pourtant réducteur s'il est isolé des autres aspects de l'évaluation, est souvent invoquée en premier lieu. Ce chiffre retient assez spontanément l'attention quand on veut juger de la réussite ou non d'un projet, mais on conviendra aisément que ce n'est pas suffisant. Une proposition a récemment vu le jour dans le milieu des centres de sciences : Bruno Dosseur, directeur de Relais d'sciences à Caen, suggère la mise en place d'un « indice de relation culturelle » (IRC) pour évaluer plus efficacement la fréquentation des lieux de sciences. Pour ne pas considérer de la même façon un visiteur furtif et un participant à un atelier, par exemple, cet indice tient compte du temps passé dans la structure, qui serait révélateur de l'intérêt de la personne pour un sujet. Comme l'explique l'auteur dans le bulletin de l'AMCSTI de juin 2016, l'indice de relation culturelle se construit de la façon suivante :

$IRC = d \times F$
d étant la durée passée par le visiteur dans le lieu
(par défaut, d est égal à 1 heure),
F étant la fréquentation.

Deux exemples sont donnés par Bruno Dosseur :

- une conférence de 1 h 30 avec 100 personnes aura un IRC
  $= 1,5 \times 100 = 150$;
- un workshop de 8 h avec 20 personnes aura un IRC
  $= 8 \times 20 = 160$.

Bruno Dosseur souligne que dans ces deux cas, l'impact mesuré par l'IRC est similaire pour les deux opérations, tandis que « si ces opérations avaient simplement été évaluées par la fréquentation, nous aurions obtenu un impact de la conférence 5 fois supérieur à celui du workshop » (Dosseur, 2016). Voilà une piste sérieuse qui permet de pondérer le nombre de visiteurs et de rendre plus crédibles les traditionnels chiffres de fréquentation d'un lieu ou d'une manifestation.

L'évaluation des actions de culture scientifique restera dans tous les cas une opération délicate : une véritable mesure de l'impact global des actions de médiation est impossible tant les objectifs de chacun, parfois convergents, sont finalement hétérogènes. Prenons l'habitude de déborder des cases quand on nous demande un bilan chiffré, pour ne pas que des chiffres insignifiants soient le seul reflet de nos activités.

DES DANGERS INSOUPÇONNÉS ?

Le premier danger est un effet collatéral des actions de vulgarisation plutôt paradoxal. Selon Baudouin Jurdant (2009), la vulgarisation creuse encore davantage le fossé entre sciences et société (on parle bien là de vulgarisation et non de médiation). Si l'existence même d'un vulgarisateur entretient l'illusion d'un lien créé entre scientifique et public, elle accentuerait la distance entre les deux en s'appuyant sur l'idée qu'il y aurait d'un côté ceux qui savent et de l'autre ceux qui ne savent pas. La question semble tout à coup moins évidente quand le chercheur intervient en personne face au public. Si créer des liens directs entre les chercheurs et les citoyens peut sembler une solution alternative, un scientifique risque de véhiculer une image catastrophique de son métier et du monde de la recherche en général s'il n'est pas préparé. Une sensibilisation à la médiation scientifique ou une collaboration avec un professionnel devraient permettre d'éviter cet écueil.

Deuxième risque pour les actions de médiation, le sensationnalisme abusif. Souhaitant attirer à tout prix le regard sur les sciences, maintenir l'attention du public, et même chercher à le convaincre, les médiateurs peuvent tomber dans les travers d'outils de communication qui dérivent ou d'animations certes surprenantes, mais un peu loin des réalités de la science. Ces méthodes fonctionnent pour atteindre le public, mais leurs utilisateurs ne se méfient pas suffisamment de leurs dérives potentielles. Employées à l'excès, les astuces du vulgarisateur que j'ai proposées dans les pages précédentes conduisent à travestir l'image des sciences et des scientifiques, au risque de tromper le public. Quand on organise la « Fête » de la science, on met tout en œuvre pour que les animations présentent un caractère ludique, voire magique : ça fonctionne, mais peut-on réellement associer la science aux adjectifs « ludique » et « magique » ? Déguiser ainsi la recherche en la présentant au public de manière à lui donner une image éclatante est un acte hypocrite qui pourrait s'avérer contre-productif s'il conduit à la désillusion du spectateur. En effet, la théâtralisation abusive des sciences, sur le fond comme sur la forme, contribue à leur donner une fausse image dont le public n'est pas dupe. Cette vitrine pleine de paillettes que l'on met à l'honneur *via* la médiation cache une réalité plus complexe, plus froide et moins exotique qu'on a voulu le faire croire. Le public, s'apercevant qu'il y a tromperie sur la marchandise, est en droit de mettre en doute par la suite tout ce qu'il verra ou entendra au sujet des sciences. Ces scientifiques qui emploient quelques raccourcis quand ils montrent la science lors d'une action de médiation sont-ils dignes de confiance quand ils communiquent en tant qu'experts sur un sujet de société ? Fabriquer du rêve peut engendrer des réveils difficiles !

Quelles seraient donc les solutions pour une médiation scientifique éthique et responsable ? Je ne pense pas que l'on doive balayer d'un revers de la main les techniques et actions de médiation sur lesquelles on s'interroge. Avant tout début de dialogue, on conviendra qu'il est indispensable d'attirer l'attention d'un public et de le convaincre de lire, d'écouter ou de se déplacer : des techniques issues de la communication et du marketing font partie intégrante de la démarche, qu'on le veuille ou non. Je confirme donc que « la vulgarisation est un média astreint aux mêmes règles que les autres, notamment mercatiques », comme le souligne Richard Monvoisin (2007). Je propose de l'assumer pleinement, avec déontologie, en invitant à une prise de connaissance et de conscience des impacts potentiels de ces méthodes pour en faire un usage adapté. Des formations à la zététique pour les médiateurs scientifiques seraient, par exemple, d'une grande aide pour apporter un nouveau regard sur leur activité. L'équation complexe de la culture scientifique ne peut se résoudre qu'en comptant sur une participation main dans la main des scientifiques et des professionnels de la médiation, permettant ainsi d'éviter quelques écueils, abus de langage et raccourcis malheureux, tout en trouvant la meilleure façon de connaître le public ciblé et de s'adresser à lui.

MÉDIATEUR SCIENTIFIQUE, UNE ACTIVITÉ AUX MULTIPLES FACETTES

À l'interface entre monde scientifique, culturel, économique, politique, le médiateur scientifique joue finalement un rôle de facilitateur de rencontres : il est une sorte de catalyseur d'échanges autour de sujets de sciences. Qu'il soit étudiant, chercheur, industriel, amateur éclairé ou animateur dans une association, le médiateur scientifique doit pour cela faire preuve de compétences multiples propres à cette activité. Une réflexion détaillée sur le métier de médiateur scientifique a été menée dans le cadre de l'École de la médiation[19] : plusieurs enquêtes ont débouché sur la publication d'un référentiel transversal du médiateur scientifique, proposant une synthèse complète du métier et de ses fonctions. Parmi

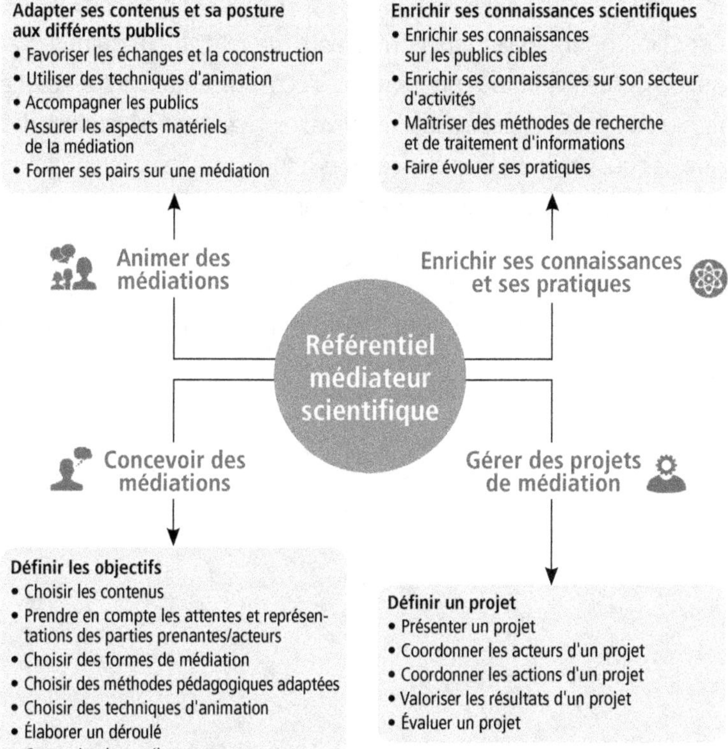

Le référentiel du médiateur scientifique met en valeur toutes les compétences nécessaires à la pratique du métier et souligne les différents types d'activités qui relèvent du domaine. © École de la médiation (Estim).

---

19 L'École de la médiation a été mise en place dans le cadre d'un programme d'investissements d'avenir coordonné par Universcience. Comme indiqué sur le site web, « elle développe une offre de formation continue à destination des médiateurs scientifiques en France, réalise une veille sur les pratiques et valorise le métier » (http://www.estim-mediation.fr).

les compétences spécifiques qui ont été repérées, on relève : « enrichir ses connaissances et ses pratiques », « animer des médiations », « concevoir des médiations » et « gérer des projets de médiation ». Pour mener à bien toutes ces activités et avoir un échange constructif avec le public, je pense indispensable de repréciser l'importance de l'aspect humain de la médiation scientifique, qui constitue avant tout un moment d'échange entre personnes. Le respect de l'autre, l'écoute et l'humilité, représentent sans doute des qualités qui rendront bien des services à tout médiateur scientifique. Partant du principe que l'on ne sait jamais tout, des échanges au cours d'une action de médiation peuvent aussi nous apprendre des choses, que l'on soit chercheur, médiateur, public. En pratiquant la médiation dans cet état d'esprit, tous les interlocuteurs ne peuvent qu'y gagner !

CONCLUSION GÉNÉRALE

Les idées reçues autour de la culture scientifique recensées dans ce livre pourraient persister encore quelque temps dans le milieu de l'enseignement supérieur et de la recherche. Cependant, chaque doctorant, chaque jeune chercheur ou scientifique expérimenté qui se lancera dans une action de médiation contribuera à faire changer le regard sur cette activité parfois sous-estimée et souvent remise au lendemain. Quand vous aussi, vous ferez savoir autour de vous le plaisir que vous aurez pris à partager vos recherches, vous encouragerez sans doute quelques collègues qui s'engageront à leur tour. Lorsqu'une visite de laboratoire bien menée permettra de décrocher des crédits supplémentaires, certains se laisseront peut-être séduire par ces pratiques. Avec les formations de doctorants qui se multiplient, les prochaines générations de chercheurs jetteront peut-être un œil étonné sur ces idées reçues, devenues soudain obsolètes. Une chose est sûre : vous avez désormais toutes les cartes en main pour devenir un ambassadeur des sciences. Plus aucune excuse pour ne pas raconter vos recherches, dimanche prochain, durant le repas de famille… On compte sur vous !

Sur les réseaux sociaux, quelques règles d'or s'imposent quand on veut parler de science. Pour vous lancer dans la twittosphère, rien de bien compliqué, mais quelques conseils vous permettront sans doute de trouver votre audience plus rapidement, en 140 caractères.

● Choisissez une ligne éditoriale : allez-vous raconter votre journée au laboratoire, lancer des débats sur des thèmes scientifiques, collecter des infos et les partager ? Ne parlez pas que de vous-même : si vous tweetez uniquement pour votre autopromo, ça ne va pas attirer les foules.

● Facilitez la lecture : allez au plus bref, tout en utilisant les #hashtags pour les mots-clés qui aideront à identifier le thème du tweet.

● Attention à ce que vous retweetez : c'est aussi votre image qui en dépend.

● Mentionnez les autres @twittos pour développer l'interaction. Twitter est surtout l'occasion d'avoir des conversations. Préparez-vous à répondre et soyez ouvert à la critique !

● Illustrez vos tweets pour une meilleure visibilité. Les photos ou dessins attirent le regard et vous permettent également d'identifier des comptes. Vous élargirez ainsi votre impact, et c'est aussi une belle opportunité d'offrir des images parfois inédites de la science !

Les comptes collaboratifs : et pourquoi pas vous ?
Des comptes collaboratifs ont été créés pour les scientifiques désireux de partager le quotidien de leurs recherches. Chaque semaine, chercheurs et doctorants ont carte blanche pour décrire leur parcours, leurs recherches, leurs réussites et leurs déconvenues... Des comptes comme

@EnDirectDuLabo ou @laBioauLabo cherchent des volontaires, n'hésitez pas à franchir le cap ! Pour les anglophones, d'autres comptes fonctionnent sur le même principe avec une variété plus importante de thèmes : @WetheHumanities (sciences humaines), @astrotweeps (astronomie), etc.

Vous avez été sollicité pour présenter une conférence pour le grand public. Voici quelques éléments-clés qui devraient vous permettre de vous préparer au mieux pour cet exercice qui n'a rien à voir avec une présentation scientifique classique.

Pour préparer la conférence, vous devrez tenir compte du cadre dans lequel elle se déroulera et choisir un angle d'attaque pour cibler votre sujet.

● Dans quel contexte se déroule la conférence ? *Fête de la science, festival de film scientifique, cycle de conférences thématiques, Semaine du cerveau, Nuit des étoiles.*

● Quelle est la nature du public attendu ? *Amateurs éclairés, scolaires, collègues universitaires, associations de malades, élèves ingénieurs.*

● Quel sujet vais-je traiter ? Quel message je souhaite faire passer ?

C'est la partie la plus difficile de la préparation : en ciblant précisément la thématique de votre intervention, vous serez amené à faire des concessions car vous ne pourrez pas tout dire. Même si c'est frustrant, c'est pourtant la meilleure façon d'être compris. Rédigez en trois lignes le message-clé que vous souhaiteriez que le public retienne de votre intervention.

Exemple : *Le pancréas bioartificiel est en passe de devenir une solution pour les diabétiques de type I. J'étudie à l'échelle microscopique et moléculaire les matériaux qui le constituent, afin de garantir son efficacité, d'optimiser sa résistance et d'observer son vieillissement.*

● Mon diaporama est-il bien adapté ? *Une trentaine de diapos maximum, pas de schéma/graphique/tableau qui seraient incompréhensibles, peu de texte.*

● Comment vais-je introduire la conférence ? Quelle accroche trouver pour interpeller l'auditoire ? *Un chiffre-clé, une question percutante, une photo.*

● Ai-je prévu des astuces pour attirer et maintenir l'attention du public ? *Un objet à faire circuler, un extrait vidéo, un sondage dans la salle.*

Juste avant la conférence, tenez compte des aspects matériels pour ne pas vous faire surprendre.

● La technique est-elle maîtrisée ? *Test du micro, vérification de la luminosité du projecteur, prise en compte du format de fichier, petit matériel (montre, pointeur laser).*

C'est parti ! N'oubliez pas de vous présenter, en une à deux minutes maximum. Pensez toujours à bien respirer, à porter votre voix et à regarder le public.

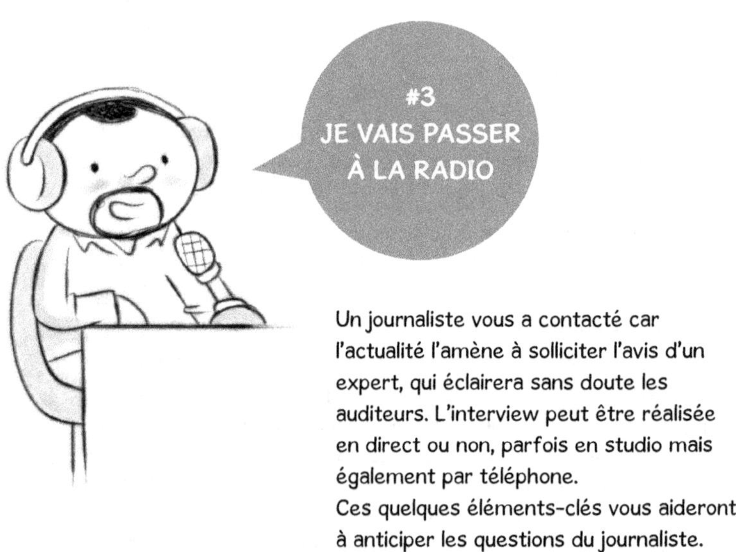

Un journaliste vous a contacté car l'actualité l'amène à solliciter l'avis d'un expert, qui éclairera sans doute les auditeurs. L'interview peut être réalisée en direct ou non, parfois en studio mais également par téléphone.

Ces quelques éléments-clés vous aideront à anticiper les questions du journaliste.

● Le journaliste dispose-t-il de toutes les informations vous concernant ? *Votre nom, vos fonctions précises, l'institution que vous représentez.*

● Quelles sont les questions qu'il va vous poser ? *N'hésitez pas à lui demander le maximum de précisions sur le déroulé de l'interview, pour ne pas vous faire surprendre pendant l'enregistrement.*

● Quel message précis souhaitez-vous faire passer ? Quels sont les mots-clés à utiliser ? *En deux ou trois minutes, votre message doit être précis et efficace car vous n'aurez pas le temps d'une longue explication. Soyez concret, utilisez des exemples connus du public.*

● Avez-vous pris connaissance des dernières actualités en lien avec votre recherche ? *C'est certainement sur ce point que le journaliste voudra vous faire réagir. N'hésitez pas à vous documenter avant de venir.*

● Disposez-vous d'exemples concrets à donner ? De chiffres précis ? *Le format radio implique de capter l'auditeur à l'aide d'informations claires et concises, qui marquent les esprits.*

Ne vous laissez pas surprendre par le temps : les interviews durent généralement deux à trois minutes maximum, sauf exception. Faire des phrases courtes et directes vous aidera à aller à l'essentiel tout en vous faisant comprendre des auditeurs.

Plusieurs formats existent pour la Fête de la science : imaginons ici que vous préparez une animation dans un village des sciences ou son équivalent. Vous allez être au contact direct du public, y compris des plus jeunes. C'est l'occasion de sortir un peu de matériel et d'avoir en tête quelques idées pour lancer la discussion. Le mot d'ordre : convivialité !

● Qu'allez-vous présenter ? Impossible de transformer un sujet de recherche en animation accessible et ludique : il faut impérativement choisir un sujet qui parlera au public et faire le lien avec vos recherches dans un deuxième temps. *Comment fonctionnent la bourse et les marchés financiers ? Quels sont les enjeux du big data ? D'où vient le sel de nos assiettes ? Qu'a-t-on appris des dernières découvertes d'exoplanètes ?*

● À qui sera destinée votre animation ? *Le public de passage est susceptible d'être variable d'un instant à l'autre : vous devrez vous adapter tantôt à un public adulte, tantôt à des enfants.*

● Quels supports d'animation avez-vous prévus ? *Une maquette, une expérience à réaliser, une courte vidéo, un objet à faire circuler, des petits jeux (quiz, mots croisés, jeu de l'oie…).*

● Allez-vous réaliser un poster ? *Ne pas vouloir mettre trop d'informations. Si vous utilisez ce support, il ne doit pas être décoratif mais venir en appui à votre animation. Choisissez soigneusement les illustrations.*

● Avez-vous pensé à vous présenter ? *C'est aussi l'occasion de dire précisément qui vous êtes, un mot sur votre parcours, votre métier de chercheur, ou quelques anecdotes.*

Lancez-vous ! Votre animation évoluera au cours du temps, en fonction des réactions du public et des outils avec lesquels vous êtes le plus à l'aise. Pensez à questionner le public régulièrement pour ne pas être dans un monologue mais dans une vraie discussion.

Un groupe est amené à venir visiter les installations de votre laboratoire et vous êtes chargé de l'organisation. Au-delà de la sécurité et de la confidentialité, vous devez également ajuster le contenu scientifique et trouver les bons intervenants pour que la visite soit un moment agréable pour tous.

● Qui vient vous rendre visite ? *Des officiels, un groupe d'industriels, du grand public, une classe de collégiens ou de lycéens, des collègues de l'université.*

● Quel contenu scientifique allez-vous présenter ?

Le piège est de vouloir présenter l'intégralité des activités d'un laboratoire. Vous risquez fort de vous lancer dans une présentation fastidieuse en voulant contenter tout le monde. Comme dans toute action de médiation, vous devrez faire un choix. Pourquoi ne pas distribuer un document papier qui présente le laboratoire de manière plus exhaustive ? Ainsi, à l'oral, vous pouvez vous concentrer sur un ou deux domaines seulement.

● Comment organisez-vous la visite ? *Un moment d'accueil, un coup d'œil à des équipements spécifiques, la rencontre avec des collègues, une expérience en direct.*

Pensez à ce qu'attendent vos visiteurs : ils ne sont certainement pas très enthousiastes à l'idée de passer une heure dans une salle de conférences. Il faut à tout prix éviter le diaporama d'une heure recyclé par le directeur du labo. Privilégiez des démonstrations concrètes, faites participer l'assemblée, reconstituez votre journée de travail en montrant vos manips en cours...

● Comment préparez-vous les collègues qui interviendront ?

Soulignez le caractère humain de la vie en laboratoire en donnant la parole à des doctorants, des ingénieurs, des techniciens, qui participent aussi pleinement à la vie de l'équipe et qui apprécieront d'être valorisés.

Enfin, pensez à disposer d'un retour sur la visite, dès la fin de la séance. En créant un vrai moment de dialogue sincère avec le groupe, vous pouvez sans hésiter demander si la visite correspondait aux attentes de chacun, ce que les visiteurs ont retenu, ce qui les a interpellés ou ce qui pourrait être amélioré.

RÉPONSES AU SONDAGE
LES EUROPÉENS ET LA SCIENCE

Voici les réponses de l'enquête (p. 40), avec entre parenthèses le pourcentage d'Européens qui y ont bien répondu.

1. Le Soleil tourne autour de la Terre / faux (66 %)

2. Le centre de la Terre est très chaud / vrai (86 %)

3. L'oxygène que nous respirons vient des plantes / vrai (82 %)

4 Le lait radioactif peut être rendu sain en le faisant bouillir / faux (75 %)

5. Les électrons sont plus petits que les atomes / vrai (46 %)

6. Les continents se déplacent depuis des millions d'années et continueront à se déplacer dans le futur / vrai (87 %)

7. Ce sont les gènes de la mère qui déterminent si le bébé est un garçon ou une fille / faux (64 %)

8. Les premiers êtres humains vivaient à la même époque que les dinosaures / faux (66 %)

9. Les antibiotiques tuent les virus ainsi que les bactéries / faux (46 %)

10. Les lasers fonctionnent en faisant converger des ondes sonores / faux (47 %)

11. Toute radioactivité résulte de l'action de l'homme / faux (59 %)

12. L'être humain s'est développé à partir d'espèces animales plus anciennes / vrai (70 %)

13. La Terre fait le tour du Soleil en un mois / faux (66 %)

La première phrase pourrait faire sourire tant elle est banale. Mais est-elle seulement pertinente ? Comme nous le rappelle Jean-Marc Lévy-Leblond (2001), il est difficile de répondre vrai ou faux à cette question : « Je ne peux, en tant que physicien, offrir une réponse sans ambiguïté que si l'on me dit à quel système de référence elle est censée se rapporter. Car le Soleil, vu depuis la Terre, tourne bien autour d'elle ! » De quoi remettre en question la pertinence des tests de culture scientifique, et surtout, prendre du recul sur ces chiffres qui paraissent alarmants.

RÉFÉRENCES BIBLIOGRAPHIQUES

AMCSTI, 2016. *Science, culture, croyance, comment en parler ?* Actes complets de la journée téléchargeables : https://www.amcsti.fr/fr/actions/science-culture-croyance/.

Ancelin J. (dir.), 2016. *Médiatiser la science en bibliothèque*, Presses de l'Enssib, coll. La boîte à outils, 184 p.

Bensaude-Vincent B., 2010. Splendeur et décadence de la vulgarisation scientifique. *Questions de communication*, 17, 19-32.

Birenbaum G., 2013. 13 h de Guy Birenbaum – Du temps !, *Huffington Post*, http://www.huffingtonpost.fr/2013/02/27/guy-birenbaum_n_3066772.html.

Blanchard A., 2016. Quand la culture scientifique s'affranchit sur le web : l'exemple des blogs de science en français (2003-2014). *In : Histoire de la culture scientifique en France, institutions et acteurs* (sous la direction de Philippe Poirrier), Éditions universitaires de Dijon, 121-138.

Bonaiuti G., 2015. Academic Social Networks: How the web is changing our way to make and communicate researches. *Research on Education and Media*, 7 (2), 3-14.

Boy D., Michelat G., 1986. Croyances aux parasciences : dimensions sociales et culturelles. *Revue française de sociologie*, 27 (2), 175-204, http://www.persee.fr/doc/rfsoc_0035-2969_1986_num_27_2_2302.

Cahiers d'Inmédiats, 2014. Living Labs : une nouvelle forme de rapport au public, http://inmediats.fr/wp-content/uploads/2014/12/Living-Lab.pdf.

Chen L., Tozammel Hossain K.S.M., Butler P. *et al.*, 2016. Syndromic surveillance of Flu on Twitter using weakly supervised temporal topic models. *Data Mining and Knowledge Discovery*, 30 (3), 681-710.

Chicoineau L., 2016. Partager les cultures scientifique, technique et industrielle à l'ère numérique. Rapport demandé par la ministre Geneviève Fioraso, 92 p., en ligne sur le site de La Casemate : http://lacasemate.fr/qui-sommes-nous/numerique-et-culture-scientifique/.

Dessibourg O., 2015. Chercheurs : pour votre notoriété, oubliez les revues, préférez les médias. *Le Temps*, https://www.letemps.ch/sciences/2015/09/23/chercheurs-notoriete-oubliez-revues-preferez-medias.

Dosseur B., 2016. Un indicateur pour la fréquentation des centres de science : l'indice de relation culturelle (IRC). *Bulletin de l'AMCSTI*, 44, 12-14.

Eastes R.-E., Pellaud F., 2009. L'enfant, le clown et le scientifique. *In : Arts, sciences et technicités, Actes des 30es Journées internationales sur la communication, l'éducation et la culture scientifiques, techniques et industrielles*, Chamonix, France, https://www.groupe-traces.fr/article/lenfant-le-clown-et-le-scientifique/.

Guy J.-M., 2016. Les représentations de la culture dans la population française. Rapport du ministère de la Culture et de la Communication, http://www.culturecommunication.gouv.fr/content/download/147204/1581441/version/2/file/CE-2016-1_Repr%C3%A9sentations%20de%20la%20culture%20dans%20la%20population%20fran%C3%A7aise.pdf.

Houllier F., Merilhou-Goudard J.-B., 2016. Les sciences participatives en France. État des lieux, bonnes pratiques et recommandations. Rapport de l'Inra, février 2016, http://institut.inra.fr/Partenaires/Sciences-et-societe/Toutes-les-actualites/rapport-Houllier-Sciences-Participatives-Najat-Vallaud-Belkacem#.

Ipsos/Sopra Steria, *La Recherche*, *Le Monde*, 2016. Sondage « Sciences participatives : qu'en pensent les Français ? » réalisé en mai 2016, http://www.ipsos.fr/decrypter-societe/2016-05-24-sciences-participatives-qu-en-pensent-francais.

Jarreau P., Porter L., 2017. Science in the social media age. *In: Journalism and Mass Communication Quarterly* (10.1177). Voir aussi le blog de Paige Brown Jarreau : http://www.fromthelabbench.com/from-the-lab-bench-science-blog/2016/6/24/profiles-of-science-blog-readers-an-infographic?rq=infographic.

Jensen P., Rouquier J.-B., Kreimer P., Croissant Y., 2008. Scientists who engage with society perform better academically. *Science and Public Policy*, 35 (7), 527-541, http://perso.ens-lyon.fr/pablo.jensen/spp.pdf.

Jurdant B., 2009. *Les problèmes théoriques de la vulgarisation scientifique*, Archives contemporaines, Paris, 197 p.

Lévy-Leblond J.-M., 2001. Science, culture et public : faux problèmes et vraies solutions. *Quaderni*, 46 (1), 95-103.

Lévy-Leblond J.-M., 2004. *La science en mal de culture*, éditions Futuribles, coll. Perspectives, Paris, 69 p.

Lévy-Leblond J.-M., 2006. *La vitesse de l'ombre*, Seuil, Paris, 272 p.

Maillot L., 2015. L'engagement des chercheurs dans la vulgarisation scientifique. *In : Actes du Congrès Science and You*, 4-6 juin 2015, Nancy, 10-15.

MENESR-DEPP, 2015. Filles et garçons sur le chemin de l'égalité de l'école à l'enseignement supérieur. Brochure du ministère de l'Éducation nationale, de l'Enseignement supérieur et de la Recherche publiée le 8 mars 2015, http://cache.media.enseignementsup-recherche.gouv.fr/file/2015/77/4/FetG_2015_407774.pdf.

Mocquet B., 2016. L'usage du micro-blogging Twitter dans l'enseignement supérieur et la recherche, http://www.letudiant.fr/static/uploads/mediatheque/EDU_EDU/3/7/1017137-v3-lusage-du-microblogging-dans-le-sup-bmocquet-copie-original.pdf.

Montréal InVivo, 2014. Le livre blanc des Living Labs. Brochure collective proposée par l'organisme de développement économique Montréal InVivo, http://www.montreal-invivo.com/wp-content/uploads/2014/12/livre-blanc-LL-Umvelt-Final-mai-2014.pdf.

Monvoisin R., 2007. Pour une didactique de l'esprit critique. Zététique et utilisation des interstices pseudoscientifiques dans les médias. Thèse de doctorat, Didactique des disciplines scientifiques, université Grenoble-I-Joseph-Fourier, 444 p., http://www.unice.fr/zetetique/articles/RM_Doctorat_Zetetique_et_medias.pdf.

Shermer M., 2017. Pourquoi les faits ne suffisent pas à convaincre les gens qu'ils ont tort. *Pour la science*, [en ligne], paru le 19 janvier 2017, http://www.pourlascience.fr/ewb_pages/a/actu-pourquoi-les-faits-ne-suffisent-pas-a-convaincre-gens-qu-ils-ont-tort-38103.php.

Simis M., Madden H., Cacciatore M., Yeo S., 2016. The lure of rationality: Why does the deficit model persist in science communication? *Public Understanding of Science*, 25 (4), 400-414.

Sites Internet consultés

Tous les sites Internet mentionnés dans l'ouvrage ont été consultés le 4 mars 2017. C'est également à cette date que le nombre de followers des comptes Twitter mentionnés p. 84 a été relevé.

#100LaScience, campagne de l'Agence Science-Presse, Québec :
http://www.sciencepresse.qc.ca/actualite/2016/04/14/100lascience.

AJSPI, Association des journalistes scientifiques de la presse d'information :
http://www.ajspi.com/.

Com'Pratique, le site des communicants du CNRS :
http://www.cnrs.fr/compratique/aide/compresse.htm.

Cortecs (Collectif de recherche transdisciplinaire esprit critique et sciences),
https://cortecs.org/.

Dance Your PhD : http://gonzolabs.org/dance/.

Doctissimo : www.doctissimo.fr.

Fondation La main à la pâte : http://www.fondation-lamap.org/.

Horizon 2020, http://www.horizon2020.gouv.fr/cid101062/consultation-publique-sur-le-programme-de-travail-science-avec-et-pour-la-societe-2018-2020.html.

MyScienceWork : https://www.mysciencework.com/.

ResearchGate : https://www.researchgate.net/.

The Conversation : https://theconversation.com/fr.

Édition : Juliette Blanchet
Coordination : Valérie Mary
Maquette et mise en page : Gwendolin Butter

Couverture et illustrations intérieures :
 www.pebfox.com

Dépôt légal : août 2017

Imprimé pour vous par Books on Demand (Allemagne)